Uwe Miethe

Männer und Lokomotiven

Uwe Miethe

MÄNNER UND LOKOMOTIVEN
Beruf und Leidenschaft

IMPRESSUM

Unser komplettes Programm:
www.geramond.de

Produktmanagement: Dr. Wolf-Heinrich Kulke
Layout: BUCHFLINK Rüdiger Wagner, Nördlingen
Repro: Repro Ludwig, Zell am See
Herstellung: Thomas Fischer
Printed in Italy by Printer Trento S.r.l.

Alle Angaben dieses Werkes wurden vom Autor sorgfältig recherchiert und auf den aktuellen Stand gebracht sowie vom Verlag geprüft. Für die Richtigkeit der Angaben kann jedoch keine Haftung übernommen werden. Für Hinweise und Anregungen sind wir jederzeit dankbar. Bitte richten Sie diese an:
GeraMond Verlag
Lektorat
Postfach 40 02 09
D-80902 München
e-mail: lektorat@geramond.de

Die Deutsche Nationalbibliothek – CIP Einheitsaufnahme
Ein Titeldatensatz für diese Publikation ist bei der
Deutschen Nationalbibliothek erhältlich.

© 2008 GeraMond Verlag GmbH, München
ISBN 978-3-7654-7275-6

BILDNACHWEIS

Innenteil des Buches:
DB AG (DB): 66 u., 71 u.
Alex Dworaczek (ADW): 67 u.
Armin Götz (IGE): 70, 71 o., 73 o.
Clemens Hahn (CH): 23 o.
Hatto Grosse: 29
Rudolf Heym (RBH): 22, 24, 26 u., 41 o., 58 o., 63 u., 113 u., 118, 119, 143
Tibert Keller (TK): 14, 15, 18, 19, 44 o., 44 u., 96 o., 104 o., 101, 108 o., 108 u.,138 o., 138 u.
Sammlung Andreas Knipping (AK): alle 17 historischen Aufnahmen auf den Seiten 123 bis 133
Koch Visuelle Kommunikation (KVK): 66 o., 67 o.
Siemens (SIE): 68 l., 72 o., 72 m., 72 u., 73 m, 73 u., 74, 75
Jakob Kratzsch (JKS): 40 o.,

Alle anderen Aufnahmen in diesem Buch stammen von Uwe Miethe.

Titelbild: Ein Lokomotivheizer, der mit seiner Muskelkraft und vollem Körpereinsatz eine Dampflokomotive mit Kohle feuert, scheint in unserer modernen Zeit ein Anachronismus zu sein. Aber es gibt sie, die Männer und Frauen, die auch heute noch diese körperlich schwere Arbeit verrichten. Einer von ihnen ist Patrick Zeitlmann, der hier im Dezember 2007 bei den alljährlichen Advents-Sonderfahrten des Bayerischen Eisenbahnmuseums „Rund um München" für genügend Dampf und Wasser im Kessel der 41 1150 (Schichau 3.356/1939) sorgt.

Bild auf Seite 2: "Grüß Gott, mitanand!", mein Name ist Desiro – ETCS-Desiro. Ich wurde von der Firma Siemens in Krefeld im Rahmen der Serienproduktion der Baureihe 642 gebaut, bin aber mit meiner Sonderausstattung als dieselgetriebener ETCS-Mess- und Präsentationszug VT 1.0/1.5-ETCS „Trainguard" der Siemens AG deutschland- und europaweit im Einsatz. Das digitale ETCS (European Train Control System) soll in ferner Zukunft zusammen mit dem Mobilfunksystem GSM-R (Global System for Mobile Communications-Rail) ein einheitliches europäisches Zugsicherungssystem bilden. Meine Hauptaufgabe besteht darin, die ETCS-Ausrüstungen der Strecken und Fahrzeuge unter Einsatzbedingungen zu erproben und vor allem die Interoperabilität der ETCS-Systeme der verschiedenen Hersteller zu überprüfen. Dafür habe ich dann auch spezielle Lokführer an Bord – alles gut ausgebildete Leute.

Rücktitel: „Darf ich Sie über den Berg bringen?". Lokführer Heiko Woitaske von der Mittelweserbahn kommt mit seiner 120 Tonnen schweren Ellok 1020.041 Güterzügen privater EVU zu Hilfe – und zwar immer dann, wenn sie mit einer Last von mehr als 1.000 Tonnen über die Spessartrampe zwischen Laufach und dem Scheitelpunkt am Schwartzkopftunnel bei Heigenbrücken wollen. Denn in solchen Fällen brauchen die Güterzüge eine Schublok, um die Fahrt auf der Main-Spessart-Bahn Hanau – Aschaffenburg – Gemünden (Main) – Würzburg problemlos bewältigen zu können. Fotos: Uwe Miethe (3)

Inhaltsverzeichnis

Vorwort	6
„Ganz nah dran an der alten Technik" – Dampflokführer heute	10
Herr Rickelt, was tun Sie da?	27
„Das Gesicht eines Unternehmens" – Lokomotivdesigner	28
Jeden Tag etwas anderes – Lokomotivinstandhaltung	34
Herr Breu, was tun Sie da?	45
Von Käufern, Mietern, Anbietern – Lokhändler	46
Frau Ullrich, was tun Sie da?	53
Mit Feuereifer! – Museumsbahner	54
Herr Jaster, was tun Sie da?	65
Die schnellste Lok der Welt! – Die Rekordfahrt der 1216.050	66
„Die Letzten in der Kette" – Inbetriebsetzer beim Lokomotivbau	78
Herr Kiflezghi, was tun Sie da?	89
Ludmilla und der ICE – Lokführer der modernen Traktion	90
Herr Dworaczek, was tun Sie da?	105
Die Schwarze Stunde – Unfälle und Suizide	106
Herr Knörzer, was tun Sie da?	109
„Das ist nur Kommerz!" – Privatbahner	110
Herr Woitaske, was tun Sie da?	121
Früher war alles besser!? – Männer und Lokomotiven einst	122
Ohne sie geht nichts – Wer den Lokbetrieb mit am Laufen hält	134
Ausklang	140
Abkürzungsverzeichnis	142
Quellenverzeichnis	143

Von Männern, Frauen, Lokomotiven und Schuhen

Wenn ich Außenstehenden von meinem Buchprojekt „Männer und Lokomotiven" erzähle – sei es, um eine Fotogenehmigung zu beantragen, Unterstützung zu erhalten, oder Ihnen, liebe Leser, dieses Buch näher zu bringen –, benutze ich gern einen bildhaften Vergleich: Männer und Lokomotiven, das ist das gleiche Phänomen wie Frauen und Schuhe! Frauen kaufen ständig Schuhe und können nie genug davon haben. Jeder kleine Junge, der eine Modellbahn geschenkt bekommt, will später einmal Lokführer werden! Sie kennen diese Vorurteile. Sie wissen aber auch, dass da etwas dran ist. Genau das möchte ich Ihnen in diesem Bildband zeigen: die Liebe, die Faszination, die Begeisterung, die Leidenschaft, die mitunter symbiotische Beziehung zum Objekt der Begierde. In diesem Fall zu den Lokomotiven.

Es beginnt mit einem Weltrekord. Kinding im Altmühltal, 2. September 2006: Ich bin an die Neubaustrecke Ingolstadt – Nürnberg gekommen, um den Weltrekordversuch der Taurus-Ellok 1216.050 zu erleben. Kurz nach 16 Uhr jagt sie die Weltbestmarke auf 357 km/h. Eine Sensation – und alles andere als ein Spaziergang: Die beiden Weltrekordfahrten an diesem Tag liefen mit einer sagenhaften Präzision ab. Dabei war keineswegs sicher, ob die Versuche auch wirklich gelingen würden. Die enorme Anspannung der Verantwortlichen und Projektpartner war vor Ort fast mit Händen greifbar. Nach der gelungenen Rekordfahrt habe ich erfahren, dass die Idee zu diesem Weltrekord von einem einzelnen Mann ausging. Dieser hat seine Idee zusammen mit Kollegen und zahlreichen Projektpartnern in kürzester Zeit extrem hartnäckig und am Ende erfolgreich in die Tat umgesetzt und es sich nicht nehmen lassen, die Weltrekordfahrten auch selbst als Lokführer zu fahren. Diese Hingabe, Ausdauer, Besessenheit – Männer und (ihre) Lokomotiven, das wurde für mich zum Buchthema!

Klar, es gibt auch bei der Bahn Leute, die ihre Arbeit einfach nur als „Job" begreifen. Bei denen das Engagement in, sagen wir, einem üblichen dienstlichen Rahmen bleibt. Aber dann gibt es die 150-Prozentigen: diejenigen, die mit viel Freude an der Technik und reichlich Geschick an die Sache herangehen. Die, bei denen der Beruf Berufung ist und manchmal nach Feierabend weitergeht. Die zum Teil schon über Jahrzehnte (oder Familiengenerationen hinweg!) der Lokomotive verbunden sind. Von ihnen handelt dieses Buch – und davon, wer alles beteiligt sein muss, damit die Lokomotiven überhaupt fahren, das System Eisenbahn funktionieren kann.

Lassen Sie uns gemeinsam in Lokomotivfabriken, Werkstätten, Depots, in die Führerstände von Dampf-, Diesel- und Elektrolokomotiven schauen. Lernen Sie Lokführer, Schlosser, Konstrukteure, Designer, Kaufleute und Ingenieure kennen, die eines verbindet: die Liebe zur Technik, die Liebe zu Lokomotiven. Sie alle stehen für das atemberaubende Kaleidoskop, das sich hinter dem fachlich-nüchternen Wort Betriebsmaschinendienst verbirgt. Für die vielen Facetten des Bahnbetriebs, gerade im Zusammenhang mit Lokomotiven. Da gibt es die romantische Seite – den Jungentraum, irgendwann einmal selbst solch eine gewaltige Maschine fahren zu dürfen. Es gibt den technischen Aspekt – nur eine gut gepflegte, fachkundig gefahrene Lok leistet gute Dienste. Es gibt den Berufsstolz und die Berufsehre – vom Wunsch, das technische Können zu zeigen, bis zur Freude, mit „seiner" Lokomotive die Aufgaben pünktlich und gewissenhaft zu erfüllen. Es gibt außerdem den kaufmännischen Hintergrund, der in seiner Bedeutung von Eisenbahnfreunden oft vollkommen unterschätzt wird. Schließlich muss sich jede Lok den Einsätzen nach rechnen. Lernen Sie weiterhin Hobbyisten kennen, die ihre Freizeit opfern, um in mühevoller Kleinarbeit Eisenbahn-Veteranen neues Leben einzuhauchen.

Lesen Sie aber auch, dass es bei all der Begeisterung eine dunkle Seite im Bahnalltag gibt: Unfälle und, schlimmer noch, Personenunfälle, die Situation, wenn ein Schienenfahrzeug einen Menschen überrollt. Wie geht es nach solch einem schrecklichen Moment weiter? Wie fühlt sich der Lokführer und wer kümmert sich um ihn? Auch das ist ein wichtiges Thema, wenn man von Männern und Lokomotiven spricht. Nicht minder in diesem Bildband, der hierbei selbstverständlich auf Bilder verzichtet.

Apropos Bilder: Ich konnte zwei bekannte Eisenbahnfotografen dafür gewinnen, mir Aufnahmen für das Projekt „Männer & Lokomotiven" zur Verfügung zu stellen. Ich bedanke mich an dieser Stelle ganz herzlich bei Rudolf Heym (RBH) und Tibert Keller (TK), die bereits bei meinem 2006 erschienenen Bildband „Faszination Eisenbahn – 365 Tage" mit ihren Bildern dabei waren. Erst die Mischung verschiedener Foto-Stile und Sichtweisen macht meiner Meinung nach den Reiz einer guten Bildauswahl aus. Aber auch Kontraste und Gegensätze dürfen nicht fehlen. Für diese sorgt Andreas Knipping (AK) – dem ebenso mein Dank gilt – mit interessanten historischen Motiven aus seiner schier unerschöpflichen Sammlung. Tauchen Sie ein in die Eisenbahnwelt vor knapp einem Jahrhundert, in der Lokomotivführer noch mit steifem weißen Kragen auf halboffenen Führerständen Dienst taten und eine strenge Hierarchie galt. Der Heizer war ein Vertreter des Proletariats, der beamtete Lokführer gehörte zur Mittelschicht – die Grenzen ließen sich nur schwerlich überwinden. Früher war alles besser? Mit Sicherheit nicht!

Schwerpunkt des Buches bleibt aber die Gegenwart. Hier erleben Sie die Arbeit mit und an der Lokomotive aus den verschiedenen Blickwinkeln und mit unterschiedlichen Beteiligten. Sehen Sie in Wort und Bild, wie sehr die Eisenbahn ein Hightech-System ist und wie viel Begeisterung überall mitspielt. Beim viel bestaunten Weltrekord genauso wie im ganz normalen Alltag bei der Fahrt von A nach B.

Bliebe zum Schluss nur noch zu klären, was denn nun Frauen und Schuhe mit Männern und Lokomotiven gemeinsam haben. Alles und gar nichts! Frau wird sich auch das 33. Paar Schuhe kaufen, weil sie genau dieses Modell in jener Farbe noch nicht in ihrer Kollektion hat und weil es so wunderbar zum erst kürzlich gekauften Kostüm passt. Mann wird auch die 33. Baureihenlizenz als Lokführer noch machen, weil er diese Lok noch nicht in seiner Sammlung der Fahrberechtigungen hat, oder seine 1.333. Lokomotive fotografieren, weil damit der Bildbestand um ein Motiv reicher ist – und wenn bloß ein anderes Aufnahmedatum als Unterscheidungsmerkmal herhalten kann. Sammeltrieb, Faszination, ein gewisser erotischer Faktor, Besessenheit – wen es einmal erwischt hat, den lässt es nicht mehr los! Egal, ob beim Schuhkauf oder bei den Lokomotiven …

Viel Vergnügen mit diesem Buch wünscht

Uwe Miethe*
München, im Juni 2008

*Besitzer von gerade mal neun Paar Schuhen, dafür aber viel mehr als nur 1.333 Lokomotivbildern.

DANKE FÜR DIE UNTERSTÜTZUNG!

Sage ich an dieser Stelle all denen, die mir bei der Arbeit an meinem Buch geholfen haben. Ein ganz besonderer Dank geht an meinen Kollegen Thomas Hanna-Daoud, den ich für dieses Buchprojekt begeistern und als Textautor gewinnen konnte. Aus seiner Feder stammen die zwölf Kapiteleinleitungen und ein großer Teil der Texte der Rubrik „Herr …, was tun Sie da?". Er begleitete mich bei Fototerminen, stellte Kontakte her, koordinierte Termine und verschaffte mir dadurch die Möglichkeit, mich auf die fotografische Seite dieses Buches konzentrieren zu können.

Und drei weiteren Herren gilt mein ganz besonderer Dank: Helmuth Knörzer, Alexander Dworaczek und Heinrich Stangl. Helmuth Knörzer gewährte uns Einblick in den traurigen Bereich der Unfälle und Suizide bei der Eisenbahn. Alexander Dworaczek und Heinrich Stangl gaben Tipps, vermittelten Ansprechpartner, beschafften Fotogenehmigungen, waren immer und jederzeit behilflich, und das ohne zu wissen, dass sie in diesem Buch selbst porträtiert werden würden.

Sehr viel Unterstützung erhielt ich auch von den Pressestellen der Fahrzeughersteller, der Eisenbahn-Verkehrs-Unternehmen, der DB AG und anderen Unternehmen. In den zwei Jahren, in denen ich an diesem Buch gearbeitet habe, gab es nicht einen Fall einer Ablehnung meiner Fotowünsche. Im Gegenteil – viele der Genannten haben von mir aus Wettbewerbsgründen erst sehr spät erfahren, um was es bei diesem Buch konkret geht. Trotzdem haben sie mich nach Kräften unterstützt.

Ich bedanke mich ganz herzlich bei den Mitarbeitern und Mitarbeiterinnen bzw. Mitgliedern und Mitgliederinnen der/des: Alstom Lokomotiven Service GmbH, Stendal; Alstom LHB GmbH, Salzgitter; BayernBahn Betriebsgesellschaft mbH, Nördlingen; Bayerisches Eisenbahnmuseums e.V., Nördlingen; Bombardier Transportation Locomotives, Kassel; Deutsche Bahn AG; DB Fernverkehr AG, Werk München Hbf; DB Netz AG; DB Railion Deutschland AG; Eisenbahnmuseums Darmstadt-Kranichstein e.V.; Mittelweserbahn GmbH, Bruchhausen-Vilsen; MRCE Dispolok GmbH, München; Regental Fahrzeugwerkstätten GmbH, Viechtach; Rügensche Kleinbahn GmbH & Co., Putbus; Siemens AG Division Mobility, Erlangen, Krefeld, München, Wegberg-Wildenrath; Stadler Pankow GmbH, Berlin; Vossloh Locomotives GmbH, Kiel. Und zu guter Letzt danke ich all den Männern und Frauen, die Sie auf den nun folgenden 134 Seiten kennen lernen werden.

„UHRENLADEN" nennen Piloten das Cockpit älterer Flugzeuge mit klassischen analogen Rundinstrumenten aus der Zeit als es noch keine „gläsernen Cockpits" mit farbigen Multifunktionsdisplays gab. Auch bei den modernen Schienenfahrzeugen dominieren heute Computerdisplays den Arbeitsplatz des Lokführers. Ein echter „Uhrenladen" ist dagegen noch der Führerstand der 139 177, die hier im Oktober 2007 zu nachtschlafender Stunde zwischen Augsburg und München unterwegs ist. Die Lok ist eins der „Zebras" der Lokomotion Gesellschaft für Schienentraktion mbH aus München. Den Spitznamen „Zebra" erhielten die Lokomotion-139er übrigens wegen ihrer charakteristischen Lackierung in weiß-blau-schwarzem Streifendesign. Mit der Höchstgeschwindigkeit von 110 km/h fährt die Ellok zügig in Richtung bayerische Landeshauptstadt, der Feierabend für den Lokführer ist greifbar nahe. Gleise, Signale und Lichter draußen verbinden sich durch die Langzeitbelichtung des Fotos zu scheinbar endlosen Strukturen. Drinnen sorgt das warme Licht der Instrumente auf dem Führerstand für eine fast schon heimelige Stimmung. Wer möchte da nicht gern mitfahren?

„Ganz nah dran an der alten Technik"

Dampflokführer heute

Sie säuselt, zischt, brodelt. Sie dampft, tropft, faucht. Sie birgt loderndes Feuer und fordert beste Pflege von ihm und seinem Kollegen. Sie, das ist die Dampflok 99 4802 der Rügenschen Bäderbahn. Er und sein Kollege, das sind Achim Rickelt und sein Heizer. Eines von zwölf Dampflok-Personalen bei der Schmalspurbahn auf der Ostseeinsel. Heute fahren sie den ersten Zug des Tages von Putbus nach Göhren. Kein Problem für das eingespielte Team. 99 4802 wurde über Nacht vorbereitet, Rickelt und sein Heizer sind selbst bereits seit zwei Stunden am Werk. Inzwischen verharrt der Zeiger des Manometers bei zwölf bar, der Dampf im Kessel hat Betriebsdruck. In fünf Minuten darf die Tenderlok mit ihren Wagen aus dem Bahnhof stampfen. Das verspricht ein grandioses Schauspiel, dabei ist die kleine Maschine schon jetzt weit und breit die Attraktion. Viele Reisende können sich gar nicht von ihrem Anblick lösen. Immer wieder saugen sie den Geruch von Dampf und heißem Öl ein, recken die Hälse, um jedes Detail des komplizierten Triebwerks zu erhaschen. Wann schließlich kann man eine echte Dampflok im Einsatz erleben? Und die Dampflokführer gleich mit?

Rügen zählt da zu den festen Adressen. Mag ja sein, dass man mit dem zeitgemäßen Intercity hinter einer schnellen Elektrolok auf die Insel kommt. Doch wer auf das Netz der Kleinbahn wechselt, erlebt noch immer eine andere Eisenbahn. Auf den 750-Millimeter-Gleisen schnaufen Dampflokomotiven, jedenfalls überwiegend. Tagtäglich und nach Fahrplan. Beim „Rasenden Roland", wie die Schmalspurbahn im Volksmund liebevoll heißt, ist das so etwas wie ein Standortvorteil. Jahr für Jahr zieht man damit zahlreiche Touristen an.

Berufsziel: Dampflok fahren

Auch Achim Rickelt kam einst wegen der Dampflok hierher. Nicht als Urlauber, sondern um zu bleiben. Die stolzen Ungetüme waren seit Kindestagen sein Hobby. Zusammen mit Eisenbahnfreunden hatte er in Stralsund die Obhut über die Ausstellungslok 03 0090 übernommen. Aber Rickelt träumte von mehr: Er wollte nicht nur Dampfloks pflegen, er wollte ebenso Dampfloks fahren. Ein Berufswunsch, den die Deutsche Reichsbahn selbst in den 80er-Jahren noch erfüllen konnte. „Lokführernachwuchs war ständig gesucht. Also habe ich mich von meiner Schlosserstelle bei einem Schiffsausrüster aus bei der Reichsbahn beworben. Ich wurde beim Bw Stralsund eingestellt und bemühte mich sofort um eine Tätigkeit in der Einsatzstelle Putbus auf der Dampflok." Die anfangs befristete Arbeit mündete in eine Dampflokführerausbildung und eine Dauertätigkeit. Seit 1992 steht der heute 38-jährige an den Reglern der Rügen-Loks.

Nüchtern betrachtet ist die Arbeit mit den Dampfloks nicht gerade romantisch – selbst wenn es für die Reisenden oft so aussieht. Der harte Alltag und die beschwerliche Pflege erschließen sich Außenstehenden nicht auf den ersten Blick. Wer Rauchkammer und Feuerrost reinigt, bekommt es mit Kohle- und Rußpartikeln zu tun, die sich selbst in kleinsten Hautfältchen hartnäckig festsetzen. Wer Gestänge und Lager abölt, muss sich durch enge Zwischenräume zwängen und ziemlich verrenken, um auch ja alle Stellen zu schmieren.

Nichtsdestotrotz: Dampflokführer ist für Achim Rickelt der Traumberuf geblieben. Wenn er von seinen Maschinen spricht, kommt er rasch ins Schwärmen. „Die Technik", sagt er, „ist faszinierend und begreifbar zugleich. Im Gegensatz zur modernen Traktion sind Dampfloks richtige Lebewesen, mit ihren

Tagtäglich mit dem „Rasenden Roland" unterwegs: Dampflokführer Achim Rickelt

DAMPFLOKFÜHRER HEUTE

Geräuschen und ihren Gerüchen. Jede ist verschieden, jede hat einen eigenen Charakter." Die 99 4802 zum Beispiel zeigt sich „recht gesittet, nicht allzu temperamentvoll, aber leistungsfähig". Ganz anders die Schwestermaschine 99 4801: „Die sprüht vor Temperament, die Räder schleudern deutlich öfter als bei der Schwesterlok und die Lok macht auch akustisch stärker auf sich aufmerksam." So oder so, die sensiblen Maschinen fordern den Lokführer, und das macht ihren Reiz aus. „Wir hören, sehen, spüren, wie es um die Lok bestellt ist. Wir sind eben ganz nah dran an der alten Technik."

Diese Technik zieht auch Thomas Stenzel magisch an, wenngleich auf andere Weise. Als Mitglied des Bayerischen Eisenbahnmuseums fährt er Dampflokomotiven in seiner Freizeit. Obwohl der 35-jährige Ingenieur schon von Berufs wegen reichlich mit Lokomotiven zu tun hat. Bei Siemens Industry Mobility Division kümmert er sich als Projektverantwortlicher darum, elektrische Verbindungen in modernen Triebfahrzeugen unterzubringen. Er und sein Team entwerfen die Baugruppen für den jeweiligen Loktyp und entwickeln diese bis zur Serientauglichkeit.

Dass ihn neben solcher Konstruktionsarbeit der – vergleichsweise altmodische – Dienst mit Feuer, Wasser und Kohle begeistert, sieht Stenzel nicht als Widerspruch. „Bei einer Dampflok ist die Technik noch ein echtes Erlebnis. Das kann ich spüren, hören, riechen, nachvollziehen. Bei modernen Schienenfahrzeugen ist das nicht mehr der Fall; da bedient der Lokführer nicht viel mehr als ein paar Computer mit Joysticks und Touchscreen. Und im Gegensatz zu einem Pkw bekommt man bei der Dampflok auch die bewegte Masse und die Kraft richtig mit."

Die Masse und Kraft erlebte Thomas Stenzel erstmals in seiner Jugend. Damals, 1985, setzte die Bundesbahn zu den Jubiläumsveranstaltungen „150 Jahre deutsche Eisenbahn" nach langer Zeit wieder Dampfloks mit Sonderzügen ein. Von Nürnberg aus fauchten kleine und große Maschinen durch die Mittelgebirge, weckten bei Stenzel den Kindheitstraum vom Lokführer und ließen ihn nicht mehr los. „Bei weiteren Sonderfahrten habe ich irgendwann mitbekommen, dass es nicht nur bei der DB Dampflokomotiven gibt. Nach dem Abitur habe ich mir dann einen Verein gesucht, bei dem der Aufstieg zum Lokführer von vornherein angeboten wurde. So kam ich zum Bayerischen Eisenbahnmuseum in Nördlingen."

Abschalten mit der Dampflok

Zehn Jahre dauerte der Aufstieg vom Anfänger zum Lokführer. Eine lange Zeit, die Stenzel nicht missen möchte, denn dadurch lernte er viele verschiedene Betriebssituationen kennen. Heute fährt er im Museumsdienst Dampf- und Dieselloks. Der erste Einsatz auf der Dampflok ist ihm noch in guter Erinnerung, war dieser doch aufregend und anstrengend zugleich.

Inzwischen hat sich das Kribbeln im Bauch zwar gelegt, großen Spaß macht es dem Museumslokführer aber nach wie vor. „Das ist eine gute Gelegenheit, um von der Arbeit abzuschalten. Eine Dampflok zu fahren, das ist etwas Besonderes." So wie im Dezember 2003: Mit der Schnellzuglok 18 478, einer bayerischen S 3/6, ging es über die Hauptstrecke München – Regensburg, und das mit bis zu 120 km/h. Personal und Maschine mussten sich mächtig ins Zeug legen. Das war sozusagen das stählerne Rennpferd im Galopp.

Andererseits freut sich Thomas Stenzel auch, dass er den Platz auf dem Führerstand gegen den im Firmenbüro eintauschen kann. Eine Dampflok, sagt er, ist sehr robust und verfügt über große Leistungsreserven, doch strengt der Dienst das Personal enorm an. „Täglich möchte ich das nicht machen müssen." Hin und wieder dagegen schon, selbst wenn die jahreszeitlichen Einflüsse stark in den Dienst hineinspielen. So wie im März 2004, als er einen Sonderzug von München nach Österreich fuhr; die Abfahrt war früh um fünf bei nebligem Wetter und minus 20 Grad. „Ich habe nie mehr so gefroren wie auf dem offenen Führerstand der S 3/6. In Salzburg kam endlich die Sonne heraus, und die Temperaturen stiegen ein wenig."

Heute noch denkt Stenzel an das Abenteuer zurück, und das gar nicht mal im Schlechten. Schließlich wurde der Auftritt „seiner" S 3/6 ein Riesenerfolg, unter anderem weil der zweiten Maschine des Sonderzugs die Puste ausging. „Mit der österreichischen Schnellzuglok 12.14 zusammen fuhren wir über Attnang-Puchheim in den Hausruck. Bei einer Scheinanfahrt kurz vor dem Scheiteltunnel war dann von der 12.14 keine Leistung mehr zu erwarten; irgendetwas ging kaputt. Das letzte Stück bewältigten wir mit der S 3/6 allein. In Schleichfahrt, mit einer Lok, die stampfte, toste und zitterte! Aber wir haben es geschafft. Wir sind tatsächlich über den Berg gekommen!"

Steht in seiner Freizeit am Regler:
Dampflokführer Thomas Stenzel

Links: FEUER Die alte Volksweisheit „Wo Rauch ist, da ist auch Feuer" symbolisiert eindrucksvoll dieses Bild der mächtig qualmenden 950-Millimeter-Schmalspurlok 353 der F.C.L. (Borsig 11.940/1928), aufgenommen im April 2002 beim Wassernehmen im Bahnhof Gimigliano, Kalabrien. Der Heizer hat sein Feuer neu beschickt und verqualmt damit den kompletten Bahnhof der Museumsbahn. Bei der Deutschen Reichsbahn wie auch bei der Bundesbahn hätte es zu Dampfzeiten bei einem derartigen Rauchspektakel mächtig Ärger für den Verursacher gegeben. Die Devise für den Lokheizer lautete stets „NICHT QUALMEN!". (TK)

Oben: WASSER Neben Kohle ist Wasser der wichtigste Betriebsstoff einer Dampflokomotive. Deshalb müssen die Wasservorräte regelmäßig aufgefüllt werden. Dafür standen früher in fast allen Bahnhöfen Wasserkräne, die aber mit dem Ende des Dampfbetriebs sehr schnell verschwanden. Im Bahnhof Disentis der Rhätischen Bahn (RhB) halten im Mai 1998 ein Hydrant und ein Feuerwehrschlauch her, um die Wasserversorgung der 1.000-Millimeter-Schmalspurlok G 4/5 107 (SLM 1.709/1906) zu bewerkstelligen. Der Lokführer Ruedi Flückiger gewinnt dem Ganzen noch eine lustige Seite ab. Vielleicht entdeckt ja ein Hersteller von Prostata-Heilmitteln dieses Bild als DAS ultimative und aussagekräftige Werbemotiv für die Wirksamkeit seiner Medikamente? (TK)

BLÜHENDE LANDSCHAFTEN Rügen, Deutschlands größte Insel, hat auch eine der schönsten Dampfeisenbahnen des Landes, den „Rasenden Roland". Die Rügenschen Kleinbahnen (RüKB) befördern in den Sommermonaten jährlich tausende Ostseeurlauber zwischen Putbus, Binz und Göhren. Leider geriet diese beliebte 750-Millimeter-Schmalspurbahn in den letzten Jahren durch mehrere Eigentümerwechsel, zeitweilige Betriebseinstellungen und juristisches Gezerre immer wieder in die Schlagzeilen. Im Juni 2007 ist die 99 783 (LKM 32.024/1953) mit ihrem vormittäglichen Personenzug von Putbus nach Göhren unterwegs, hier zwischen Beuchow und Posewald. In den wogenden Kornfeldern rund um die Strecke blüht zu dieser Zeit der Klatschmohn und sorgt mit seinen leuchten roten Blüten für Farbtupfer in der Landschaft.

Oben: MANNESKRAFT Eine elektrisch betriebene Drehscheibe fehlt; also wird die 2'C-Lok FCS 5 „Sulcis" (Breda, 1914) der sardischen 950-Millimeter-Schmalspurbahn Nuoro – Macomer – Bosa im April 1998 im Bahnhof Bosa von sechs Männern per Muskelkraft gedreht. Danach geht die Fahrt des „Trenino Verde" wieder Schornstein voran die 46 Kilometer zurück nach Macomer. Zwischen 1883 und 1932 entstanden auf der italienischen Insel etwa 950 Kilometer Schmalspurstrecken, von denen heute noch rund 600 Kilometer vorhanden sind, und die von der Ferrovia della Sardegna (FdS) betrieben werden. Das Kürzel „FCS" an der Lok bezeichnet die Ferrovie Complementari della Sardegna, einen Vorgänger der jetzigen Betreibergesellschaft. (TK)

Rechts: HEIZERSCHWEISS Wir werfen noch einmal einen Blick zur FdS nach Sardinien. Diesmal schauen wir im Oktober 2001 dem Heizer auf der FCS 402 (Reggiane, 1932) bei seiner Arbeit über die Schulter. Die kurze 1'C1'-Lok hat nur einen kleinen Tender, sodass ein Teil des Kohlevorrates seinen Platz auf dem Führerhausboden gefunden hat. Das Beschicken des Feuers geschieht auch nicht willkürlich, sondern mit einer an den Zustand des Feuers, die Qualität der Kohle, die Streckenverhältnisse und die Zuglast angepassten Feuerungstechnik. Dafür braucht es Erfahrung und Streckenkenntnis, auch für den Lokheizer. Oben, in der Mitte des Bildes, ist das Kesseldruckmanometer gut zu erkennen. (TK)

RÄDERWERK

Immer wieder beeindruckend ist das Fahrwerk einer Dampflokomotive, vor allem bei den großen Schnellzuglokomotiven mit ihren riesigen Speichenradsätzen. An einem späten Nachmittag im Oktober 2006 erreicht die Hallenser 03 1010 (Borsig 14.921/1940) das ehemalige Bahnbetriebswerk Chemnitz-Hilbersdorf und wird vom Personal für einen Sonderzugeinsatz am nächsten Morgen vorbereitet. Die drei Männer auf der Dreizylinder-Schnellzuglokomotive gönnen sich erst eine Kaffeepause, als die Maschine nach mehreren Stunden Arbeit komplett versorgt, untersucht, abgeölt und gewienert ist. Inzwischen ist es dunkel geworden, das Hallenser Personal hat aber extra für den Fotografen Lichtmaschine, Spitzenlichter und Triebwerksbeleuchtung angelassen. Danke, Männer!

Oben: LOKFÜHRER UND HEIZER Einmal als Heizer auf einer Lok der Baureihe 01 fahren! Dieser Wunsch wurde für den Autor dieses Buches (links) im Oktober 1999 beim Bayerischen Eisenbahnmuseum (BEM) wahr. Bodo Jaster (rechts), Kollege und Lokführer, ermöglichte ihm einen Dienst auf der 01 066 (BMAG 9.020/1928) zwischen Nördlingen und Donauwörth vor einem Sonderzug. (CH)

Unten: VATER UND SOHN In Kühlungsborn West, an der Ostsee, beobachten Urlauber gern die Restaurierungsarbeiten an den Dampflokomotiven der 900-Millimeter-Schmalspurbahn „Molli". Im August 2006 nimmt die 99 2322 (O&K 1.2401/1932) Wasser für die anschließende Fahrt mit dem gut besetzen Zug von Kühlungsborn-West nach Bad Doberan.

TÄGLICH PLANDAMPF Auch im Jahr 2008 gibt es in Mitteleuropa noch tägliche, reguläre dampfbespannte Personen- und Güterzüge auf Normalspurstrecken! Das polnische Bw Wolsztyn setzt täglich drei Dampflokomotiven auf den Strecken nach Poznan und Leszno ein. „Starlok" des Bw Wolsztyn ist die Pm 36-2 „Die schöne Helena" (Fablok 663/1937). Die 130 km/h schnelle 2'C1'-Lokomotive ist seit Juni 1995 in Wolsztyn beheimatet und kommt regelmäßig vor den Planzügen und bei Sonderfahrten zum Einsatz. Die Aufnahme zeigt die elegante PKP-Schnellzuglokomotive mit den großen Windleitblechen im März 1999 in ihrem Heimat-Bw beim Ausschlacken. Den zahlreich anreisenden Eisenbahnfreunden führt das Lokpersonal seine Schönheit immer wieder voller Stolz vor. (RBH)

FRAUENPOWER Es gibt nicht nur Männer und Lokomotiven, sondern manchmal auch Frauen und Lokomotiven. Im sächsischen Mügeln („In Sachsen, wo die schönen Mädchen auf den Bäumen wachsen") kümmert sich im Mai 2006 diese Lokheizerin (oder heißt es „dieser weibliche Lokheizer"?) im Mai 2006 um die Belange der 750-Millimeter-Schmalspurlok 99 539 (SMF 2.381/1899). Im Bahnhof Mügeln – einst Europas größter Schmalspurbahnhof – pausiert diese während der Auftaktveranstaltung zum Jubiläum „125 Jahre Schmalspur Dampf Sachsen". Die 99 539, beschildert als Lok 132 der Kgl.Sächs.Sts.E.B., war als Gastlok von der Strecke Radebeul Ost – Radeburg zu den Feierlichkeiten angereist und hier vor Sonderzügen im Einsatz. (RBH)

Oben: RENNBAHN Die Baureihe 01 ist die „Königin der deutschen Schnellzuglokomotiven", und die betriebsfähig erhaltenen Loks dieser Baureihe erfreuen sich größter Beliebtheit. Während der Plandampf-Veranstaltung „Tempo, Takt und Dampf 2005 – 150 Jahre Maximiliansbahn" im Oktober 2005 in Rheinland-Pfalz kamen neben anderen Maschinen gleich drei Loks der Baureihe 01 zum Einsatz: die 01 118, die 01 519 und die 012 100. Schon von Weitem ist das charakteristische Dreizylinder-Röhren der ölgefeuerten 012 100 auf der Strecke Karlsruhe – Mannheim zu hören, als diese bei Graben-Neudorf am Fotografen vorbeidonnert. Auch die während der gesamten, mehrtägigen Veranstaltung andauernde starke Bewölkung und der Dauerregen können die Faszination für die stolzen Dampfrösser nicht bremsen.

Unten: LOKALBAHN Auf der tschechischen Lokalbahn Krupá – Kolešovka, die durch unzählige Hopfenfelder und mitten durch das Dorf Kněševes verläuft, wurde im Dezember 2006 der Personenverkehr eingestellt. An den Samstagen in den Sommerferien des Jahres 2007 fuhr der Klub der Eisenbahnverkehrsgeschichte Prag (KHKD) erstmals die Dampfsonderzüge „Kolešovka 2007" auf der reizvollen Strecke und hielt damit die Erinnerung an die Lokalbahn wach, die während der Erntezeit jährlich Heerscharen von Hopfenpflückern beförderte. Im Juli 2007 hat die 423.094 (Škoda 1.428/1928) den Sonderzug nach Krupá gebracht und setzt nun um. Den Bewohner des alten Bahnwärterhauses erinnert das Schauspiel vielleicht an vergangene Tage – ganz sicher aber ist auch der Enkel schon ganz von der Dampflok in den Bann gezogen. (RBH)

Herr Rickelt, was tun Sie da?

Ich stehe neben dem Fotografen und schaue zu, wie der Lokheizer die Lokomotive 53 Mh der RüKB ausschlackt. Wir, der Lokheizer und ich, haben heute mit dieser Dampflok der Rügenschen Kleinbahn den ganzen Tag Züge gefahren, nun wird sie für die Nachtruhe im Lokschuppen vorbereitet. Dazu gehören das Ausschlacken des Feuers und das Herrichten des Ruhefeuers für die Nacht. Das Ausschlacken lässt sich bei den Vulcan-Maschinen allerdings nicht so komfortabel vornehmen wie bei moderneren Dampflokomotiven, denn sie verfügen nicht über einen Kipprost. Das heißt, der Heizer muss die Schlacke aufwendig mit einer Schaufel vom Rost holen und durch den Führerstand ins Freie befördern – ohne dass der Holzboden etwas abbekommt.

Doch der Reihe nach: Bei den kleinen Schmalspurloks gilt es zunächst, das Feuer zu sortieren. Mit geeigneten Kratzern und dem so genannten Spieß teilt man die Rostfläche in das gute Reservefeuer und das schlechte Feuer, das im Wesentlichen aus der Schlacke besteht. Der Heizer hat einen geübten Blick für das Unterscheiden von Schlacke und gutem Feuer. Mit einer langstieligen Blechschaufel wird die Schlacke durch die Feuertür herausgeholt und vom Führerstand aus mit Schwung in eine mit Wasser gefüllte Schubkarre befördert. Oft reicht eine Schubkarrenladung nicht aus, um alle Schlacke zu fassen; außerdem muss man nicht selten Wasser nachfüllen, da es durch die heiße Glut schnell verdampft.

Zuletzt wird das Reservefeuer wieder auf dem Rost verteilt und damit das neue Feuer vorbereitet. Hat man Kohle und Wasser gefasst, den Aschkasten gereinigt und genügend Dampfdruck aufgebaut, kann die 53 Mh den nächsten Zug übernehmen. Hier wird ein ringförmiges Reservefeuer gebaut und die Lok im Schuppen abgestellt. Arbeiten wie das Ausschlacken gehören zu den ureigensten Aufgaben des Heizers, manchmal springt auch der Lokführer für ihn ein. Heute war mein Heizer übrigens der Betriebsleiter der RüKB, Harald Grau, persönlich – aber den sieht man auf dem Foto durch die Langzeitbelichtung gar nicht.

„Das Gesicht eines Unternehmens"

Lokomotivdesigner

Er liebt es, technische Geräte durch ihre Gestaltung zur Geltung zu bringen. Darin hat Hatto Grosse, 52, langjährige Erfahrung. Er erlernte den Beruf des Werkzeugmachers, studierte danach Industriedesign und arbeitete anschließend als Designer bei Siemens. Von der ersten Skizze bis zur fertigen Umsetzung gestaltete er Produkte, unter anderem in der Telekommunikation, Medizintechnik und Verkehrstechnik. Zu seinen Schöpfungen zählen die grafische Gestaltung des Eurosprinters, der farblich zukünftige Antriebstechnik symbolisieren sollte, und das Farbkonzept für Siemens Dispolok. Seit 2002 wirkt Hatto Grosse als Professor an der International School of Design der Fachhochschule Köln. Wie sieht er die Gestaltung der Lokomotiven heute? – Ein Interview.

Wie denken Sie über Lokomotiven?
Zunächst relativ nüchtern. Heute ist das im Wesentlichen eine Art Container mit Komponenten zur Energiebereitstellung, Antriebsachsen und ein oder zwei Arbeitsplätzen für das Bedienpersonal. Aber natürlich hat eine Lok auch ein Gesicht; je nach Detaillierung und Farbgebung kann ein Triebkopf die Qualität eines Logistikanbieters veranschaulichen. Dazu hat eine Lokomotive sinnlich wahrnehmbare „Charakterzüge".

Wie sehen diese sinnlich wahrnehmbaren Züge aus?
Bei modernen Lokomotiven erscheinen die Geräusche bisweilen geheimnisvoll abstrakt. Denken Sie an die elektronische Tonleiter einer Taurus-Ellok beim Anfahren oder an das Brummen einer Diesellok, auch wenn das bei modernen Versionen inzwischen gedämpft ist. Faszinierend ist außerdem, wie sanft, fast lautlos diese Schwergewichte heute anrollen. Die dampfgetriebenen Giganten früher waren da viel ausdrucksstärker. Und dann gibt es noch den Blickwinkel, unter dem wir in aller Regel Lokomotiven wahrnehmen. Wir schauen zu ihnen empor, wie aus einer Kinderperspektive – sehr interessant! Lokomotiven fahren auch meist vorne, sie ziehen den Zug. Das Schieben funktioniert zwar technisch, aber da entfalten sie nicht solche Wirkung.

Was ist für Sie eine schöne Lok?
Das lässt sich schwer beantworten. Sind Dinge, die viele Menschen als schön empfinden, wirklich schön oder nur ein Zeichen für durchschnittlichen Geschmack? Und ein Klassiker ist auch nicht sofort nach seinem Entstehen ein Klassiker, er muss erst reifen. Mir persönlich gefallen Fahrzeuge vor allem, wenn sie aus einer individuellen Situation heraus konsequent und damit aufrichtig entworfen wurden. Das trifft für die V 200 zu, als typischer Vertreter einer Designepoche, die von überwölbten Flächen geprägt war. Aber auch die moderne G 2000 von Vossloh gefällt mir. Sie besteht aus einer klar gegliederten geometrischen Struktur. Bei den asymmetrischen Kabinen lässt sich für den Lokführer die Länge der Lokomotive beim Ankuppeln gut überblicken.

Welche Lok gefällt Ihnen nicht?
Als besonders misslungenes Fahrzeug fällt mir der CargoSprinter der Firma Windhoff ein. Dieser Zug sah plump und statisch aus. Sicher handelte es sich hier um ein Experiment, bei dem vor allem eine Logistik-Idee realisiert werden sollte. Dennoch: Man darf die Wirkung eines lieblos gestalteten Zugkopfes nicht unterschätzen. Eine Lok ist immer auch das Gesicht eines Unternehmens, und oft bedeutet eine gute Gestaltung nicht mehr Aufwand als die Verabschiedung eines unattraktiven Entwurfs. Ebenfalls nicht glücklich erscheint mir die Linienführung der Baureihe 120. Die zur Stirnseite ansteigende Facette im Dachbereich haben vermutlich Fertigungs-Ingenieure für günstig befunden.

Gibt Lokomotiven Konturen und Farben: Designer Hatto Grosse

Wie sieht eine ideal designte Lok aus?
Das lässt sich nur schwer, wahrscheinlich gar nicht beantworten. Es geht ja nicht nur um die äußere Erscheinung der Maschine. Wir haben es auch mit einem Arbeitsplatz zu tun. Bei der Entstehung der Lokomotiven dominieren, was Aufbau und Handling betrifft, nach wie vor konservative Details und die Techniker.

Was braucht es, um eine Lok zu gestalten?
Ein klares Briefing und einen Auftraggeber, der dem Designer vertraut. Es kommt auf den guten Instinkt an; wenn man eine logisch begründbare ideale Hülle um sämtliche Aggregate zeichnet, ergibt sich daraus nicht unbedingt eine ansprechende Lokomotive. Vereinfacht gesagt weist eine keilförmige Form mit der Spitze voraus auf Glaubwürdigkeit und Dynamik im höheren Geschwindigkeitsbereich hin. Dynamische Formen leiten sich außerdem auch aus gespannten Bögen und Flächen ab. Die eher statische Form einer langsam fahrenden Güterzuglok weckt dagegen Assoziationen mit hohen Zugkräften. Als Beispiel können Sie den ICE 3 und eine Grubenlok aus dem Braunkohletagebau nehmen. Aber Vorsicht, die Grenzen sind fließend!

Wo zum Beispiel?
Bei ICE 3 und der Grubenlok sind die Verhältnisse eindeutig. Aber wie gestaltet man eine Taurus-Ellok, die in allen Geschwindigkeitsbereichen Transportleistung abwickelt? Die Form gilt übrigens als europaweit gelungen. Einen Kontrast bietet auch der IC-Dieseltriebzug von Adtranz, der in Dänemark verkehrt. Seine Front entspricht einem hochkant gestellten Schlauchboot und trotzdem erreicht er akzeptable aerodynamische Werte.

Worauf kommt es bei der Gestaltung an?
In der Konzeptphase muss man sich von Bildern bereits existierender Lokomotiven lösen. Außerdem braucht der Designer ein sicheres Gespür für die richtige Bewertung der vorhandenen Einflussgrößen. Dann gelingt die integrale Umsetzung am schlüssigsten.

Gibt es regional verschiedene Vorlieben für die Lokgestaltung?
Vermutlich werden die meisten Lokomotiven an einigen wenigen Orten in der westlichen Welt entworfen, von Designern, die wiederum an den gleichen Hochschulen ausgebildet wurden. Somit werden die Konzepte prinzipiell ähnlich ausfallen. Am deutlichsten zeigen sich regionale Unterschiede bei Farbgebung und Grafik. Hier kann es bisweilen sehr nüchtern oder sehr bunt zugehen. Immer noch finden wir Streifenmuster seitlich an einer Lokomotive, die sich im ungünstigsten Fall aus geflügelten Wagenrädern entwickeln, die wiederum die Stirnfläche der Lok zieren.

Welche Erfahrungen haben Sie mit den Auftraggebern?
Bei Bahngesellschaften wird der Designprozess zumeist zur „Chefsache" erhoben. Der Chef fühlt sich dann berufen, sein „Spielzeug" zu gestalten, sich ein Denkmal zu setzen. Die Ergebnisse erstrecken sich dann leider häufig völlig

Oben: **CRASHOPTIMIERT** Ein Modell der LE 4700 für die Portugiesische Staatsbahn Comboios de Portugal (CP) war auf der internationalen Fachmesse InnoTrans 2006 am Siemens-Messestand zu sehen. Die erste nach den europäischen Gesetzen des TSI-Crash-Standards konstruierte Breitspurlokomotive der Welt ist eine Weiterentwicklung der Eurosprinter-Plattform. Drei der 15 von der CP bestellten Elloks dieses Typs werden komplett bei der Siemens Industry-Division Mobility TS in München-Allach produziert. Bei den übrigen zwölf erfolgen Rohbau und Vormontage ebenfalls in Deutschland, während die Endmontage bei der Firma EMEF, einem Tochterunternehmen der CP, vorgenommen wird. Die 4.600 Kilowatt starken Maschinen sind für den Einsatz im Personen- und Güterverkehr vorgesehen und werden für die spätere Umrüstung auf europäische Normalspur ausgelegt. Mitte 2008 verließ die erste LE 4700 die Werkhallen in München-Allach.

willkürlich zwischen konservativen und floralen Ausprägungen. Andererseits ist es schon faszinierend, wie sich gestandene Manager in Anzug und Krawatte plötzlich um ein Modell gruppieren und ihm ihre ganze Aufmerksamkeit schenken. Da kommt dann wieder der kleine Junge durch. Jeder will bei der neuen Lok mitspielen, mitbestimmen, und wer nicht oder nicht genug mitmachen darf, ist verärgert.

Was sollte die Lok der Zukunft unbedingt haben?

Aus meiner Sicht sollte sich der Arbeitsplatz des Lokführers mehr am Komfort einer modernen Lkw-Kabine orientieren. Ich denke, dazu könnten auch Sicherheitsgurte gehören. Vor dem Hintergrund stundenlanger Aufenthalte in solch einer Kabine, abgelegen von jeglicher Infrastruktur, wäre auch eine Toilette vorstellbar, wie sie schon in manchen Loks im Ausland realisiert ist. Außerdem sollte die Kabine möglichst von elektromagnetischen Feldern abgeschirmt sein.

Vielen Dank für das Interview.

Herr Grosse, Ihre Meinung zum ...
DESIGN DER LOKS DER MRCE DISPOLOK GMBH:
Eine sehr bemerkenswerte Entwicklung aus dem Dispolok-Farbkonzept. Als damals das Gelb festgelegt wurde, gab es noch nicht das Farbumfeld auf der Schiene wie heute. Insofern waren das Gelb/Silber/Anthrazit und die grafische Einteilung der Flächen eine gelungene Entscheidung, auch, weil man damit vermietbare Werbeflächen verfügbar hatte. Inzwischen gibt es zahlreiche bunte Lokomotiven. In diesem Umfeld wiederum wirkt ein dunkler neutraler Lokomotiv-Korpus zurückhaltend, stark, ruhig und strahlt somit Zuverlässigkeit und Langlebigkeit aus. Allerdings würde mir bei der Verwendung lediglich einer monochromen schwarzen Lackierung der entscheidende i-Punkt fehlen. Der ist aber in der Bildmarke sehr präzise gelungen: Die beiden orange-gelben Quadrate lassen noch die Erinnerung an die Entstehung aus Dispolok zu. Andererseits haben wir es mit völlig neuen Verhältnissen zu tun. Die beiden Quadrate sind viel mehr noch als zwei exemplarisch dargestellte Dots in einer Matrix zu verstehen, die zeigt, dass hier in einem Netzwerk Güter, zum Beispiel Container, transportiert werden. Umso klarer wird dadurch, worum es wirklich geht: nicht um Sentimentalität, sondern um Traktion, Logistik, Minimierung der Kosten. Solch eine sensible Umsetzung des Briefings gelingt in der Regel nicht einem Flottenchef neben seiner Alltagsarbeit, sondern setzt die Erfahrung von Design-Profis voraus. Das Konzept stammte von der renommierten Designagentur Digitalform.

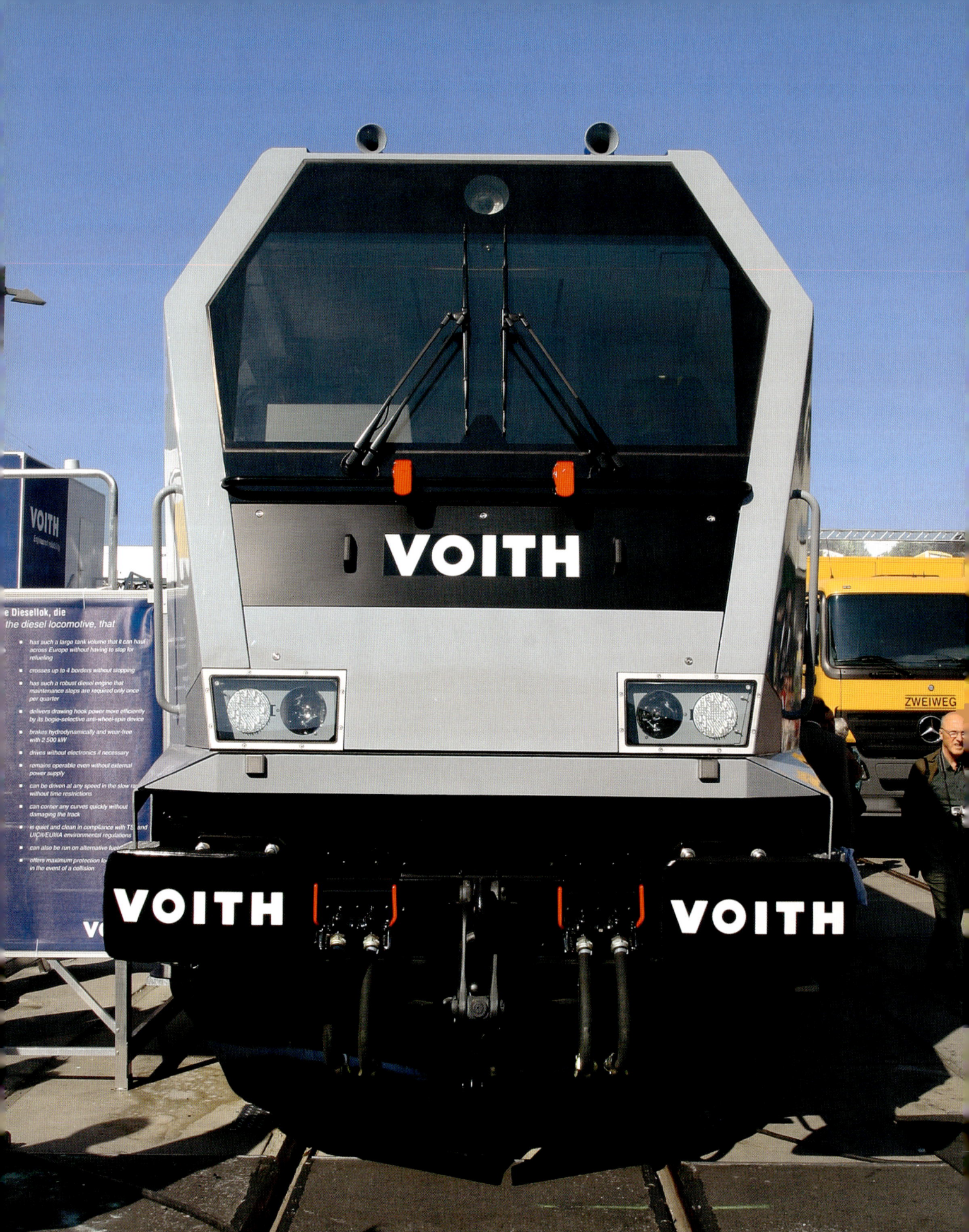

Oben: **DER SPRINTER** Den charakteristischen Kopf des „Eurosprinter" 127 001 erkennen Fachkundige sofort. Auf der Plattform dieses 1993 bei Siemens / Krauss-Maffei gebauten Erprobungsträgers entstand die erfolgreiche Siemens-Eurosprinter-Familie, bestehend aus ES46B1, ES64F4, ES64U2 und ES64U4. Die 127 001 ist allerdings nicht mehr im Eigentum der Siemens AG, sondern ging im September 2006 im Zuge des Verkaufs der Siemens Dispolok GmbH an die Mitsui Rail Capital Europe B.V. über. Deren MRCE Dispolok GmbH setzt die 230 km/h schnelle Maschine von München aus für Sonderdienste und Überführungsfahrten ein.

Herr Grosse, Ihre Meinung zur ...
40CC MAXIMA VON VOITH: Auch hier haben wir es mit einer Lokomotiven-Persönlichkeit und vermutlich mit einer Überraschung auf dem Markt moderner Lokomotiven zu tun. Mit dem gezielten Einsatz von Fasen und Facetten an technischen Geräten und Fahrzeugen wird in der Regel auf deren Präzision, Stärke und Robustheit hingewiesen. Auch die Assoziation mit kristallinen Formen scheint nahe liegend. Zusätzlich unterstreichen bei diesem Fahrzeug die dreieckig angeschnittenen Fasen trotz Größe und Gewicht der Lokomotive eine gewisse Dynamik, so, wie wir diesen Effekt in der Regel mit Fahreigenschaften von keilförmigen Fahrzeugen verbinden.

Jeden Tag etwas anderes

Lokomotivinstandhaltung

"Servus, bis später!" Josef Wastl wirft die Jacke über die Schulter und geht zwischen aufgereihten Fahrmotoren und Radsätzen davon. Heute Vormittag ist sein Arbeitsplatz mal nicht in der Lokomotivhalle des DB-Werks München. Nicht am Standort Landsberger Straße, dessen Tram-Haltestelle den treffenden Namen „Am Lokschuppen" trägt. Kollegen aus Nürnberg haben angefragt, und jetzt fährt der Werkmeister in der Lokomotivinstandhaltung dorthin, um sie in Fachfragen zu unterstützen. Es geht um sein „Baby": die Elektrolok-Baureihe 120.1.

Für den 51-Jährigen ist die Drehstromlok so etwas wie eine lieb gewordene Vertraute. Wastl machte ab 1971 die Lehre als Starkstromelektriker, ab 1975 arbeitete er als Lokschlosser im Bahnbetriebswerk München Hbf. Als Meister wechselte er 1982 ins Ausbesserungswerk München-Freimann – „der beste Entschluss in meiner beruflichen Laufbahn, denn dort habe ich umfangreiche Fachkenntnisse erworben!" Dort kam er mit der Baureihe 120.1 in Kontakt. „Es handelte sich um die erste Drehstrom-Vollbahnlokomotive der Welt. Wunderbar! Und ich konnte sie seit der Indienststellung begleiten." Die Wege trennten sich nur vorübergehend: Über das Ausbesserungswerk München-Neuaubing kehrte Wastl zurück zum nunmehrigen Werk München Hbf, wo es 1998/99 ein Wiedersehen gab. Die DB erhob das Werk zum Fahrzeughalter der 120.1. Einer der Betreuer: Josef Wastl. Bis heute fallen Arbeiten an der modernen Drehstromlok in seinen Tätigkeitsbereich. Mit Vorschlägen für den mechanischen und pneumatischen Bereich konnte er sogar die Unterhaltung seiner Schützlinge verbessern. Ein Umstand, der ihn besonders freut.

Leidenschaft Elektroloks

Elektrolokomotiven und ihre Technik sind so etwas wie eine Leidenschaft des Werkmeisters, nicht nur bei der 120.1. „Natürlich", bekennt Wastl, „mag ich auch andere Baureihen, zum Beispiel die 111. Eine sehr gute Maschine, etwa vergleichbar mit dem VW Käfer." Damit die Lokomotiven mindestens so ausdauernd rollen – oder besser, fahren – wie das Pendant auf der Straße, gibt es bei der Bahn ein ausgeklügeltes Wartungs- und Instandhaltungsprogramm. Neben der reinen Abstellung (und Ad-hoc-Reparatur) erfolgen in den Werken fristgemäße Untersuchungen – spezialisiert nach Traktionsarten, Fahrzeugtypen, Laufleistung.

Innerhalb des Werkes nehmen sich verschiedene Organisationseinheiten der Maschinen an. Der Part von Josef Wastl – und seinen Mitarbeitern – umfasst die Nachschauen, Bedarfsreparaturen und Unfallinstandsetzungen bei Elektroloks. Versorgt werden Lokomotiven der Baureihen 110 (mit deren Varianten), 111, 120.1, 139, 140, 151, 182 und 189. Selbst eine 103 gehört dazu. Die 103 245, vom Werkspersonal gehegt und gepflegt, steht als Reserve für den Brennerverkehr im Werk München.

Wastl ist zuständig für die Hebebockanlage und die Radsenke, mit der Fahrmotoren, Radsätze, Trafo und Drehgestelle getauscht werden. Weiterhin zählen die Materiallogistik, etwa das Bestellen von Bauteilen, und Verwaltungsarbeiten wie das Erstellen von Dienstplänen zu seinen Aufgaben. Nicht zu vergessen: In Vertretung übernimmt Wastl noch die Aufsicht über die anfallenden Schweißarbeiten.

Ein täglicher Wechsel der Tätigkeitsgebiete ist damit fast garantiert, umso mehr, da man es heutzutage mit mehreren Auftraggebern zu tun hat. Die Münchner Werkstattmitarbeiter müssen die Wünsche von DB Fernverkehr AG und von DB Regio AG berücksichti-

Kümmert sich um die 120.1 und viele weitere Elektrolokomotiven: Josef Wastl, Werkmeister im Werk München Hbf

gen, von DB Nachtzug und von DB Schenker AG. Selbst Privatbahnen machen sich inzwischen die geballte Kompetenz zur Elektrotraktion zunutze.

Die Aufgabenflut erfordert eine vielseitige Mannschaft. Und eine, die funktioniert. „Es braucht Teamfähigkeit", betont Wastl, „der Meister muss für die Mitarbeiter ersichtlich Verantwortung übernehmen." Seine Berufsauffassung hat er in zwei Leitsätze gegossen: „Erstens, es gibt immer eine Lösung. Zweitens, das Geld wird auf der Schiene verdient. Dafür bereiten wir die Loks vor."

Flexibilität und Verantwortung sind zwei Merkmale, die auch Heinrich Stangls Arbeitsalltag prägen. Stangl, Jahrgang 1954, hat gleich mehrere Positionen inne. Als Betriebsingenieur (Fachkürzel: Bing) von DB Fernverkehr AG, Regionalbereich Süd, fallen ihm Kontrollaufgaben im „Betriebsmaschinendienst" zu, so im Triebfahrzeug- und Zugbegleitdienst; außerdem trägt er Verantwortung im technischen Wagendienst, in Dispositionsstellen sowie in der Werkstätte. Er übernimmt zum Beispiel die Prüfung von Triebfahrzeugführern der DB Fernverkehr AG und der ÖBB Traktions GesmbH und zusätzlich von Schweißern im Werk. Als Schweißfachingenieur für die Werke München Hbf und Mühldorf (Obb) beurteilt er Schadbilder und legt Reparaturmaßnahmen fest. Wenn ein Triebwagen der Baureihe 628 nach einem Bahnübergangsunfall lädiert ins Werk gebracht wird, ist es Stangl, der die Abfolge der Reparaturen bestimmt. Schließlich fungiert er als Ansprechpartner für die Privatwageneinsteller im Regionalbereich Süd, wirkt bei der regionalen Zusammenarbeit mit Österreichischen und Schweizerischen Bundesbahnen mit und übernimmt weitere Projekte. Kein Wunder, dass sich Arbeitsablauf und Arbeitsort fast täglich ändern.

Bei der Bahn ist der Betriebsingenieur seit 26 Jahren, die Bahnverbundenheit als solches hat man ihm schon in die Wiege gelegt. Heinrich Stangl stammt aus einer Eisenbahner-Familie: Der Urgroßvater war Kesselschmied in der bayerischen Centralwerkstätte Regensburg; der Großvater brachte es zum Werkführer des Regensburger Reichsbahnausbesserungswerks und dann zum Werkmeister im Betriebswerk Landshut (Bay); der Vater begann als technischer Zeichner beim Betriebsamt Landshut, wurde Eisenbahnpionier, Schlosser, Lokführer. „Ich selbst", erzählt Stangl, „kam von Jugend an mit

LOKOMOTIVINSTANDHALTUNG

der Technik und Geschichte der Eisenbahn in Kontakt." Die Berufswahl war damit quasi entschieden. Oder hätte sich jemand den Jungen als LKW-Fahrer vorstellen können? Nach Praktika bei der Bundesbahn und zwei Studiengängen, darunter einem für Schienenfahrzeuge, tauchte Stangl 1982 in die Berufswelt Schiene ein. Seine Stelle: Inspektoranwärter bei der DB.

Heute ist Stangl Beamter, und wenn er zurückblickt, merkt er die Veränderungen im Bahnwesen deutlich. „Früher war Eisenbahner beamtenbedingt ein Beruf, den man nicht so leicht aufgab. Jetzt, in Zeiten der Bahnreform, haben viele Eisenbahner diesen Status nicht. Für sie ist es ein Job, was absolut nicht negativ belegt sein muss. Aber das hire-and-fire hat zugenommen. Andererseits – auch früher gab es Licht und Schatten." Unberührt davon bleibt die Hingabe zum System Eisenbahn, zu seinen Fahrzeugen, seinen technischen Merkmalen. So gehörte Heinrich Stangl zu den treibenden Kräften, als es darum ging, die 103 245 als Einsatzlok ins Werk München zu holen.

Sonderschicht für das Nesthäkchen

Hilfe erhielt – und erhält – er dabei von allen Seiten im Werk. Angefangen bei Josef Wastl und dessen Mitarbeitern, die wie Stangl für das rot-beige Nesthäkchen manche Sonderschicht einlegen, und aufgehört bei Erich Brzosa, dem Werkleiter. Im sanft abgedunkelten Büro des 48-Jährigen laufen die Fäden für das Werk München Hbf zusammen. Insgesamt 520 Mitarbeiter stehen hier in Lohn und Brot, davon 100 in der Lokomotiveninstandhaltung. Die Arbeit läuft rund um die Uhr, um alle Fahrplanleistungen zu bedienen: den Fernverkehr (mit 101, 120.1 und hin und wieder der 103), den Regionalverkehr (mit 110, 111), den Rangierdienst (mit den Dieselloks). Schnelles Handeln ist gefragt. Bei Engpässen müssen Werkleiter, Meister und Mitarbeiter unverzüglich eine Lösung finden, der Zug darf ja nicht warten oder gar ausfallen. Wenn es um die Prioritäten geht (welche Lok wofür und welche einer anderen?), hat Brzosa das letzte Wort.

Erste Erfahrungen mit dem Bahnwesen sammelte der Werkleiter im Loko-

Koordiniert 520 Mitarbeiter und setzt die Prioritäten: Erich Brzosa, Leiter des Werks München Hbf

Prüft Lokführer, bestimmt Schadbilder und macht noch etliches mehr: Betriebsingenieur Heinrich Stangl

motivbau. Als er Anfang 2001 von Krauss Maffei zum Werk München kam, war es dennoch eine völlig neue Erfahrung. „Mein damaliger Chef sagte, wenn Sie Werkleiter sind und nicht eine Lok oder einen ICE fahren können, werden Sie nie das System Bahn ganz verstehen. Also habe ich den Triebfahrzeugführerschein erworben. Und mein Chef hatte Recht: Bei Krauss Maffei bauten wir große Maschinen, Anlagen, Lokomotiven, aber mit Betrieb und Instandhaltung hatten wir dort kaum etwas zu tun. Im Bahnbetrieb gelten ja noch viele weitere Regeln. Und wenn es nur die ist, dass das Signal zur Ausfahrt gestellt sein muss, damit die Lok das Werk verlassen kann."

Ein Leben für die Eisenbahn

Die Technik hat es Brzosa angetan, wie im Fall der Schnellfahr-Ellok 103. Als die Werksmitarbeiter 2004 die stolze Sechsachserin als Brennerreserve übernehmen durften, „war", so Brzosa, „die Begeisterung groß. Viele ältere Kollegen hatten aus dem Ausbesserungswerk Freimann noch gute Kenntnisse von der 103, und schnell konnten wir das Knowhow um die Maschine wieder aktivieren. Mich haben Konstruktion und Leistungsvermögen der Lok sehr beeindruckt; sie wurde zu einem meiner Lieblinge!"

Gewiss, mögen sich manche denken, die legendäre Schnellfahr-Ellok hat überall ihre Fans. Völlig klar, dass der Enthusiasmus auch in die Reihen der Eisenbahner hineinreicht. Nichts Besonderes. Normalerweise nicht ... aber hier? Bei Erich Brzosa, Josef Wastl und Heinrich Stangl steht die 103 noch für etwas anderes. Der ausgewählte Schützling und die Fürsorge um ihn sind Teil einer Berufsauffassung, die Stangl mit „Eisenbahner alten Schlags" umschreibt. „Das", so der Betriebsingenieur ganz direkt, „sind Leute, die sich ein breites fachliches Wissen erarbeitet haben und deren Herz uneingeschränkt für das Unternehmen und den Betrieb der Eisenbahn schlägt. Wir waren nie die ‚Beamtentrottel', als die uns manche hingestellt haben."

LOKOMOTIVINSTANDHALTUNG

Oben: HEBEN Die drei Bilder dieser Doppelseite entstanden im Februar 2008 in der Ellok-Halle des DB-Fernverkehrs-Werkes München Hbf. Die 120 109 erhält eine große Revision IS 600 (EBO-Untersuchung nach § 32); diese steht an, wenn das Fahrzeug sechs, spätestens acht Jahre Einsatz hinter sich gebracht bzw. maximal 1,2 Millionen Laufkilometer absolviert hat. Das DB-Werk München nimmt monatlich eine IS 600-Revision an einer Ellok vor, insgesamt zwölf pro Jahr.

Unten: SENKEN Langsam wird der Lokkasten der 120 109 unter den wachsamen Augen der Lokschlosser und Elektriker auf das Drehgestell herabgelassen. In diesem sitzt der Lokschlosser Frank Quirin, der die Kabel der Fahrmotoren während des Absenkens durch die Faltenbälge der Staubabdeckung nach oben in den Lokkasten führt. Kein Job für Leute mit Platzangst! Die Drehgestelle werden übrigens komplett im DB-Werk Dessau aufgearbeitet, lackiert und nach München geliefert.

Rechts: SCHRAUBEN Bevor das Drehgestell wieder unter den Lokkasten montiert wird, bereitet der Gruppenführer Jens Kritz den Drehzapfen für den Einbau vor. Hier schraubt er die Schutzhülse für das Drehzapfengewinde auf. Vorher wurde bereits die Drehzapfenlaterne vermessen. Diese – je eine pro Drehgestell – befinden sich am Lokkasten. In ihnen sind die Drehzapfen befestigt, welche die Zug- und Druckkräfte vom Lokkasten auf das Drehgestell übertragen.

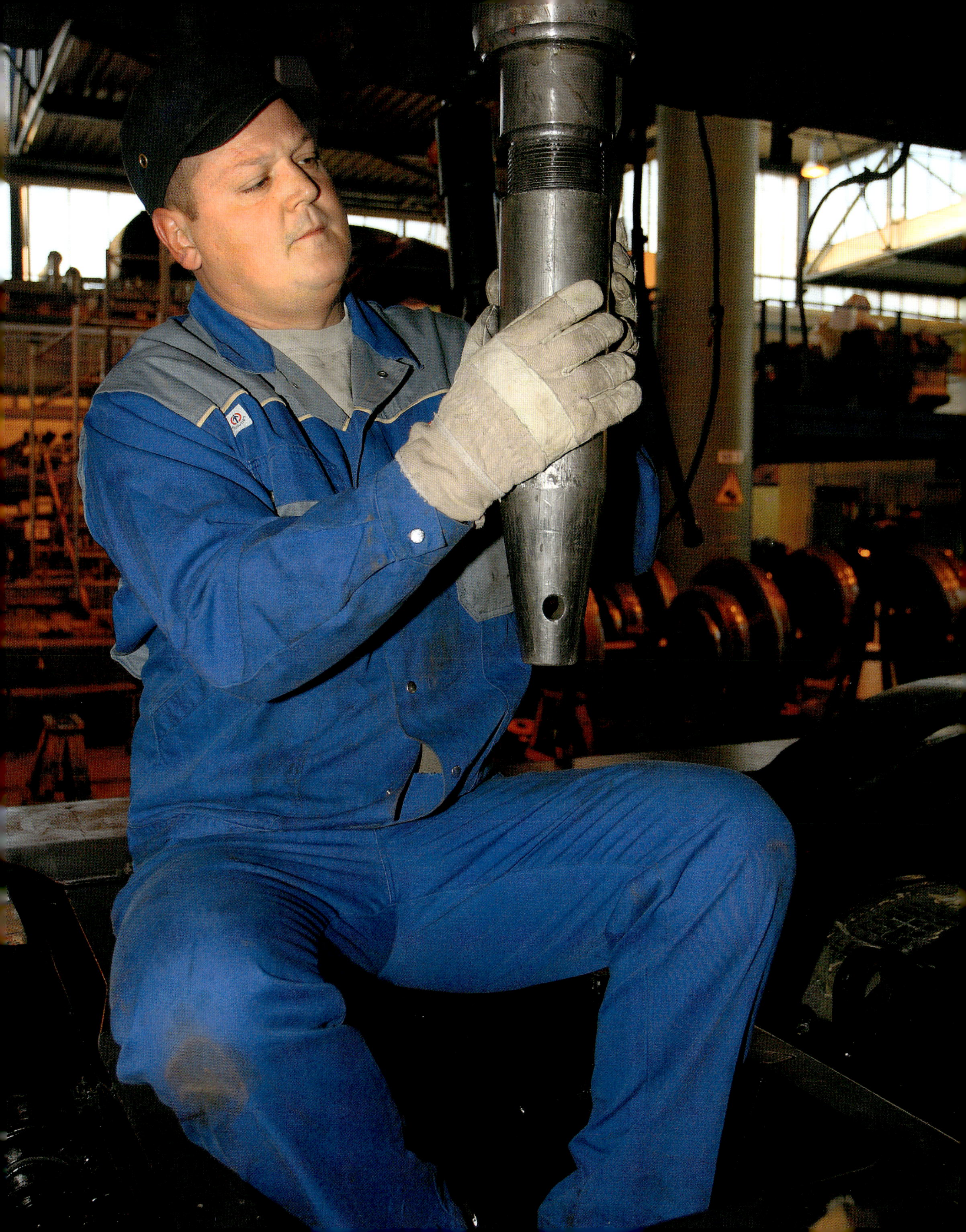

Rügensche Kleinbahn

99 784

Linke Seite oben: AUFSETZEN Das DB-Dampflokwerk Meiningen genießt im In- und Ausland einen exzellenten Ruf als Fachbetrieb für die Instandhaltung und den Neubau von Dampflokomotiven sowie deren Komponenten, Bauteilen und Großbaugruppen. Deshalb erhielt das Thüringer Werk auch den Auftrag, die historische Dampflokomotive „Der Adler" des DB Museums wieder aufzubauen. Ein verheerender Großbrand hatte den Nachbau der berühmten Maschine am 17. Oktober 2005 im Nürnberger Stadtteil Gostenhof weitgehend zerstört. Der Kessel, der hier im Juli 2007 in Meiningen wieder auf den Lokomotivrahmen gesetzt wird, war dank seiner Wasserfüllung beim Brand relativ glimpflich davongekommen, obwohl die Holzverkleidung komplett verbrannt und viele Anbauteile geschmolzen waren. So konnte der aufgearbeitete Kessel für den Neuaufbau wieder verwendet werden. Wir blicken hier direkt in die Rauchkammer, oben sind die Öffnung und der Flansch für die Schornsteinbefestigung gut zu erkennen. In der Mitte befinden sich die Rauchrohre und unten, links und rechts an den großen Öffnungen, werden die Innenzylinder befestigt. Der Neuaufbau wurde im Oktober 2007 abgeschlossen und kostete knapp eine Million Euro.

Linke Seite unten: ABTAUCHEN Im Bahnbetriebswerk Putbus der RüKB wird im Juni 2007 die 99 784 (LKM 32.025/1953) ausgewaschen. Dabei müssen auch die Wasserkästen der Lokomotive auf Fremdkörper oder Schmutz kontrolliert werden, da vorher in diesen gearbeitet wurde. Der Lokschlosser Tino Tegge muss sich deshalb mit einer Handlampe in den engen Wassereinlauf des Wasserkastens zwängen, sein Kollege Kay Grundig (oben) assistiert ihm dabei. Würden Fremdkörper oder Schmutz unentdeckt bleiben, könnten diese die Funktion der Strahlpumpen beeinträchtigen bzw. diese ganz außer Betrieb setzen – das wäre gefährlich für die Wasserversorgung des Kessels.

Oben: SCHWIERIGER NEUAUFBAU Auch die Werkstatt der Mansfelder Transport GmbH in Benndorf (MaLoWa) ist ein Spezialwerk für die Revision von Dampf-, Diesel-, Elloks sowie für Wagen von Normal- und Schmalspurbahnen. Im Februar 1992 hatte die Werkstatt mit der B12-Class 61572 (Beyer Peacock 6.488/1928) der The London and North Eastern Railway (LNER) einen exotischen Gast aus Großbritannien in der Werkstatt. Auf dem Foto steht der gesandstrahlte Rahmen der 2'C-Lokomotive in der großen Lokhalle auf Hilfsdrehgestellen für die nächsten Arbeitsschritte bereit. Durch finanzielle Probleme, ausgelöst u.a. durch den holländischen Auftraggeber der Lok, verzögerte sich die Fertigstellung bis in das Jahr 1994. Im Dezember 1994 schließlich kehrte die instand gesetzte B12 – in Apfelgrün lackiert und als 8572 der LNER beschriftet – zur North Norfolk Railway nach Großbritannien zurück, wo sie bis zum Juli 2007 im Einsatz stand.

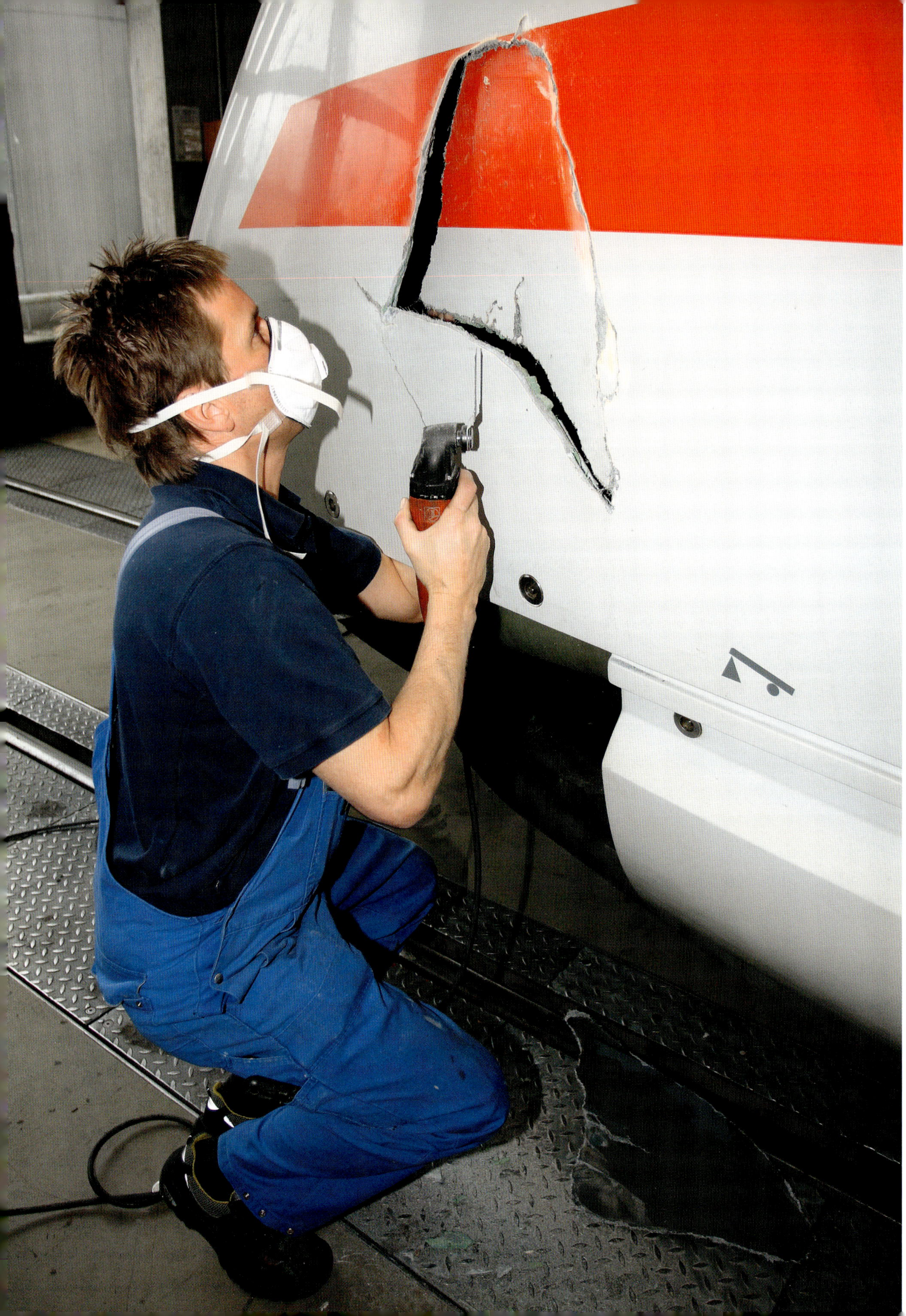

Links: **STURMSCHADEN** Anfang März 2008 steht in der ICE-Halle des DB-Fernverkehrs-Werkes München Hbf der Neigetechnik-Triebzug 411 053 zur Reparatur. Das Sturmtief „Emma", welches am 1. März 2008 über Deutschland, Österreich und die Schweiz gezogen war, hatte den ICE mit einem Baum kollidieren lassen. Dieser durchschlug die Außenhaut des Fahrzeugs, richtete aber sonst keinen größeren Schaden an. Zur Reparatur schneidet der Schlosser die Schadstelle komplett heraus und verklebt sie mit Kunstharz wieder flächig mit der Kunststoff-Außenhaut. Gegen solch elementare Naturgewalten ist keine noch so moderne Technik gefeit.

Unten: **RADSATZTAUSCH** Am 403 051 wird in der ICE-Halle in München ein Radsatz getauscht. Der Bereitstellungs-Lokführer hat den ICE 3 vorher auf den Zentimeter genau auf dem aufgeständerten Gleis abgestellt. Dabei stehen die Radsätze auf 56 Gleisbrücken, die sich wegschwenken lassen und damit einen Radwechsel ermöglichen. Der Radsatzwechsel selbst geschieht nicht mehr mit der klassischen fest installierten Achssenke, sondern mit einem auf Luftkissen an jede beliebige Stelle des Zuges beweglichen Radsatzwechsler. Das ist eine kombinierte Hub-Senkvorrichtung mit Ausfahrmöglichkeit für den Radsatz. Auf dem Foto ist der Laufradsatz aus dem Drehgestell des ICE bereits ausgebaut; er befindet sich nun in Endstellung auf der Ausfahrvorrichtung des Radsatzwechslers, wo er vom Stapler übernommen und abtransportiert wird.

Oben: WARTUNG Beide Werkstattfotos auf dieser Seite entstanden in Depots der Rhätischen Bahn (RhB) in der Schweiz. Der aus dem benachbarten Puschlav stammende Davide Battilana kontrolliert als Handwerker des Depots Samedan im Februar 2003 im Nachtdienst den Wendeschalter einer RhB-Ellok des Typs Ge 6/6 II, die wegen ihrer Betriebsnummern 701 bis 707 einfach nur die „Siebenhunderter" genannt werden. Die Bo'Bo'Bo'-Maschine Ge 6/6 II ist bei der RhB überwiegend im Güterzugdienst anzutreffen. Bei Arbeiten an den im Betrieb spannungsführenden Bauteilen einer Ellok sind höchste Konzentration, Vorsicht und die strengste Einhaltung der Sicherheitsvorschriften wichtig. Selbstverständlich steht der Wendeschalter auf dem Foto nicht unter Spannung. Den Respekt vor der unsichtbaren Gefahr aus der Oberleitung sollte niemand, der damit bei der Bahn zu tun hat, je verlieren. (TK)

Unten: AUSBILDUNG Früher, zu Dampflokzeiten, war die Laufbahn eines künftigen Lokomotivführers nicht selten: Lokschlosser, Lokomotivheizer, Lokomotivführer-Anwärter, Lokführer. Der Beruf wurde so „von der Pike auf gelernt" und der Lokführer war durch seine Ausbildung auch in der Lage, kleinere Reparaturen an der Maschine selbst auszuführen. Auch bei Diesellok- und Ellokführern war eine abgeschlossene Lehre als Mechaniker, Elektriker oder artverwandter Berufe die Voraussetzung für eine Ausbildung zum Triebfahrzeugführer. Heute ist das nicht mehr in jedem Fall nötig – an den modernen Drehstromlokomotiven kann der Lokführer keine Reparaturen mehr erledigen. Hier durchläuft eine angehende Lokführerin der Rhätischen Bahn im April 2001 die praktische Ausbildung in der RhB-Hauptwerkstätte in Landquart. Dabei muss frau mitunter auch kräftig mit anpacken. (TK)

Herr Breu, was tun Sie da?

Achtung, gleich gibt es hier richtig Druck! Nein, nicht für Sie oder mich, sondern für den Radreifen. In unserer Werkstatt der Regentalbahn in Viechtach ziehen wir nämlich ab und an Radreifen auf, und das geschieht mithilfe einer Presse. Radreifen haben alle unsere Fahrzeuge – hier ein Regio-Shuttle RS-1 –, und wenn dieser einen Schaden aufweist oder ein bestimmtes Grenzmaß unterschreitet, müssen wir ihn austauschen. Mit einem Reifenwechsel beim Auto kann man das natürlich nicht vergleichen. Bei den Massen und Gewichten, die bei der Eisenbahn unterwegs sind.

Radreifen und Rad selbst bestehen aus hochwertigem Stahl. Bei unseren Triebwagen sind gummigefederte Radsätze im Einsatz. Das heißt, zwischen der Radscheibe und dem Radreifen – der Bandage – ist ein Gummielement aufgelegt. Im Moment bereite ich gerade eine neue Bandage vor, um sie auf die Radscheibe aufzuziehen. Das erledigt, wie gesagt, eine Presse, die den Radreifen mit 400 bar Druck um die Scheibe herum fixiert.

Gummigefederte Räder haben den Vorteil, dass sie viel leiser laufen. Das geht aber nur bei vergleichsweise niedrigen Geschwindigkeiten, wie sie unsere RegioShuttle fahren. Bei höherem Tempo sind gummigefederte Räder nicht erlaubt. Deshalb setzt man dort Vollräder ein, wie beim ICE. Und statt eines Radreifens wird dann eben ein ganzes Rad getauscht.

LOKOMOTIVINSTANDHALTUNG

Von Käufern, Mietern, Anbietern

Lokhändler

Alle zwei Jahre rollen sie zu Füßen des Berliner Funkturms. Dutzende von Lokomotiven und Wagen werden auf die Gleisanlagen rangiert, fein säuberlich in Reih' und Glied aufgestellt. Blitzblank herausgeputzt erwarten sie die Besucher der weltweit bedeutendsten Eisenbahn-Fachmesse, der InnoTrans. Wenn dann Vertreter von Bahngesellschaften und Bahnindustrie zusammentreffen, schlägt auch die Stunde einer Berufsgruppe: der Lokomotivhändler. Die Berliner Messe ist international die erste Adresse, um das Neueste vom Neuen in punkto Eisenbahn zu sehen. Das macht sie zur idealen Plattform für Geschäfte. Wo sonst kann man den Kunden vom Kauf einer neuen Lok besser überzeugen als vor Ort, mit dem Objekt gleich auf dem Gleis nebenan?

Die Verhandlungen selbst erinnern nicht selten an die Verkaufsgespräche in einem Autosalon. Auch der Lokhändler preist die Vorzüge seines Produkts für den Interessenten (und gegenüber den Konkurrenten). Hohe Verfügbarkeit, niedrige Energiekosten, niedrige Life Cycle Costs, Flexibilität und die genau zugeschnittene Verwendungsmöglichkeit – das sind Argumente, mit denen man heutzutage punktet. Denn bei Stückpreisen im siebenstelligen Eurobereich kalkulieren die Käufer genau durch, ob die Investition lohnt.

Ohnehin hat sich bei den Preisen in der letzten Zeit einiges getan. Die Materialkosten explodieren – so sehr, dass Lokhersteller bereits ernsthaft überlegen, die Loklängen zu verkürzen, nur, um Stahl zu sparen. Dazu kommt, dass es sich bei den Maschinen um teure Einzelanfertigungen und Kleinserien handelt. Großauflagen wie die 400 Taurus-Elloks für die Österreichischen Bundesbahnen oder die knapp 400 Elloks der Baureihe 185 für die Deutsche Bahn sind die absolute Ausnahme. All das spielt eine Rolle, wenn der Lokhändler mit potenziellen Käufern verhandelt.

Eine Branche im Umbruch

Traditionell hat er mit zwei Arten von Kunden zu tun: Staatsbahnen und Privatbahnen. Einst orderten sie das Gros der Bestellungen, aber mittlerweile befindet sich die Branche im Umbruch. Mehr und mehr gehen Eisenbahnverkehrsunternehmen dazu über, Lokomotiven einfach zu mieten, statt sie zu kaufen. Eine Entwicklung, die ohne die Bahnreform nicht denkbar wäre, hat doch die Liberalisierung des Marktes die Karten neu gemischt. Leistungen – vor allem im Güterverkehr – werden heute oft in kurzen Zeiträumen vergeben. Viele Bahngesellschaften wittern ihre Chance, auch ohne großes Budget. So ist neben den Verkäufer ein zweiter Typus des Lokhändlers getreten: der des Vermieters. Auf Messen wie der InnoTrans passiert es nicht selten, dass beide direkt miteinander zu tun haben. Anbieter der eine, Käufer der andere.

Wenn man eine Mehrsystem-Ellok für einen Monat mietet, kostet dies in etwa soviel wie ein besserer Mittelklasse-Pkw. Dabei geht die Dienstleistung meist über die reine Nutzung hinaus, denn die Verleihfirmen schnüren für ihre Kunden umfangreiche Service-Pakete. Das Angebot reicht von der Instandhaltung (samt Ersatzteillogistik) bis zur Bauartbetreuung und Einsatzplanung. Die Schulung des Lokpersonals – das vom Kunden oder von einer Lokführer-Verleihfirma stammt – gehört ebenfalls zu den Leistungen, und selbst die Finanzierung wird für den Kunden arrangiert. Das Wichtigste jedoch: Die gemietete Lokomotive steht sofort zur Verfügung. Fällt sie aus, gibt es umgehend Ersatz.

Das stellt einige Anforderungen an den Vermieter. Zunächst einmal personell: Die wenigsten Mitarbeiter bei diesen Firmen sind echte Betriebseisenbahner, dafür zählen Buchhalter, Logistiker und Finanzmanager zum Team. Ebenso richtet sich die verfügbare Lokomotivflotte nach den Bedürfnissen. Bewährte Maschinen, von der Rangierdiesellok bis zur Mehrsystem-Ellok, decken das Potenzial der Kundenwünsche ab. Darüber hinaus hat das Thema Finanzierung das Interesse anderer Branchen geweckt. Mittlerweile mischen japanische Handelshäuser und englische Großbanken im Geschäft um die deutschen Mietloks mit. Die Gewichte im Eisenbahn-Markt haben sich damit verschoben. Einst prägten die Staatsbahnen mit ihren Zentralämtern die Lokomotivbeschaffung, heute sind die Lokvermieter die größten Kunden der Fahrzeugindustrie.

Allerdings: Den Goldesel hat man damit noch nicht geschaffen, selbst wenn viele kleine Privatbahnen von dem Angebot profitieren. Nach wie vor ist die Gewinnspanne vor allem im Schienengüterverkehr schmal; „die letzten drei Wagen im Zug bringen das Geld" lautet eine gebräuchliche Redensart. Gleichwohl könnte die Lokvermietung eine Möglichkeit sein, mit der sich die Nischen des Marktes zunehmend nutzen lassen. Das wiederum käme der Bahn allgemein zugute, nämlich in dem Ziel, als Verkehrsträger gegenüber der Straße endlich aufzuholen. Und an dem Erfolg hätte dann auch der Lokhändler seinen Anteil.

Die „MONTAGSRUNDE" des Flottenmanagements der MRCE Dispolok GmbH München zeigt sich als Videokonferenz der Kollegen in München und Amsterdam (auf dem Bildschirm), hier im Mai 2008. Flottenchef Alex Dworaczek (2.vl.) bespricht mit seinen Münchener und Amsterdamer Mitarbeitern die in dieser Woche anstehenden Aufgaben. Die große und vielfältige Lokomotivflotte der MRCE Dispolok bringt zahlreiche und sehr verschiedene Herausforderungen mit sich, die hier besprochen werden. Lokomotivhandel und -vermietung ist heute ein fester Bestandteil des Bahnbetriebs; er liegt in Händen internationaler Handelshäuser, deren Büros nicht viel anders aussehen als jene, in denen Sie, verehrte Leser, vielleicht selbst Woche für Woche arbeiten.

LOKHÄNDLER

Oben: **VOLLMODERNISIERT** Die alle zwei Jahre in München stattfindende Messe transport logistic kann sich beim schienengebundenen Verkehr nicht mit der Branchen-Leitmesse InnoTrans in Berlin messen. Trotzdem gibt es auch hier ab und an interessante neue Fahrzeuge zu sehen: Auf der transport logistic 2007 zum Beispiel zeigte die Alstom Lokomotiven Service GmbH (ALS) aus Stendal erstmals den Prototyp einer vollmodernisierten Diesellok des Bundesbahn-Typs V 100. Die Maschine trägt zwar noch ihre Nummer 212 197, ist aber ansonsten kaum wiederzuerkennen. Ab Oberkante Rahmen hat die Firma Gmeinder Lokomotivenfabrik GmbH (GLG), welche die Maschine für die ALS vollmodernisierte, einen kompletten Neubau vorgenommen. Die Lok für die Nordbayerische Eisenbahn GmbH (NbE) verfügt über einen Caterpillar-Motor, ein 900-kW-Stufengetriebe, einen Neubauführerstand und ist serienmäßig mit einem Ruß-Partikelfilter ausgerüstet. Die von Alstom als Baureihe 214 angebotene Lok kann auf Kundenwunsch unter anderem mit Funkfernsteuerung, automatischer Rangierkupplung, 230-Volt-Stromaggregat und Zusatztank ausgestattet werden. Der Messeauftritt in München wurde von der ALS für eine aktive Vermarktung dieses erstmals der Öffentlichkeit vorgestellten neuen Produkts genutzt.

Rechts: **CHEFS UND LOKOMOTIVEN** Franz Blochmann (links) und Raimund Stüer (3.v.l.) von der TX Logistik AG, Bad Honnef, erhalten im November 2004 aus der Hand von „Mister Siemens", dem Vorstandsvorsitzenden Dr. Heinrich von Pierer (2.v.l.), im Siemens TS-Werk München-Allach die Lokschlüssel für die Elloks ES 64 U2–042, –043 und –044. Mit ihnen freuen sich Dr. Walter Breinl von der Siemens Dispolok GmbH und Hans-Dieter Bott, Siemens AG. Normalerweise kommt der Vorstandsvorsitzende des Weltkonzerns Siemens nicht wegen der Übergabe von drei Lokomotiven zu einer Feierstunde – dafür ist sein Terminkalender viel zu dicht belegt. Das Geschäft mit diesen drei Elloks war seinerzeit aber auf der berühmten Bergkirchweih in Erlangen – Erlangen ist von Pierers Heimatstadt und großer Siemens-Standort – beim Bier zwischen dem Vorstandsvorsitzenden und dem späteren Kunden TX Logistik angebahnt worden. Nach dessen Zustandekommen ließ es sich der Vorstandsvorsitzende der Siemens AG nicht nehmen, die Lokomotiven persönlich zu übergeben. Ein Bierchen gab's zur Feierstunde natürlich auch.

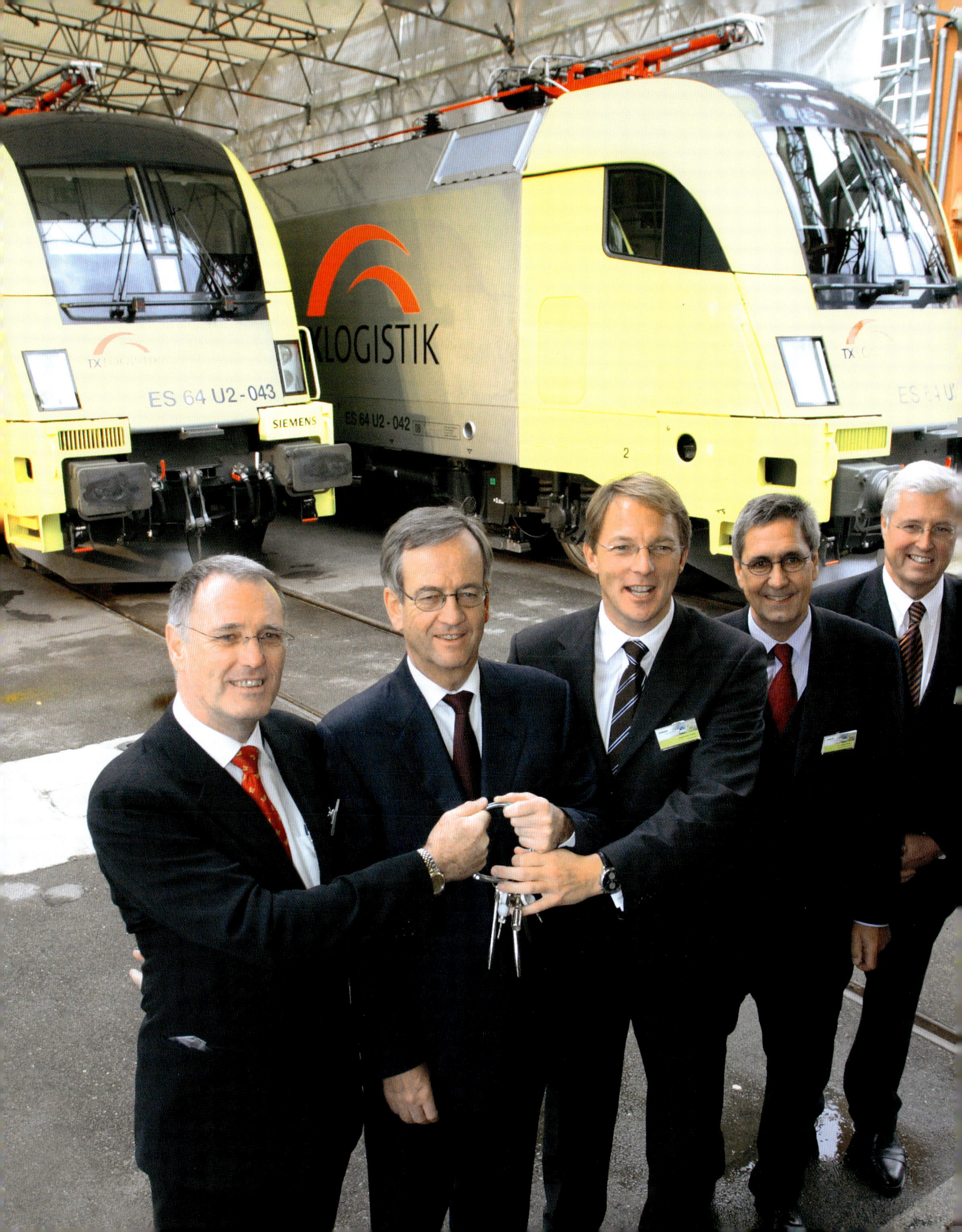
ES 64 U2-043
SIEMENS
LOGISTIK
ES 64 U2 - 042

Die INNOTRANS, Internationale Fachmesse für Verkehrstechnik – Innovative Komponenten und Fahrzeuge – zeigt alle zwei Jahre im September auf dem Messegelände am Berliner Funkturm ein breites Spektrum an spurgebundenen Fahrzeugen. Damit gibt sie den Fachbesuchern einen repräsentativen Überblick über den aktuellen Stand des Schienenfahrzeugbaus und der Fahrzeugtechnik und bietet konkrete Modelle für etwaige Fahrzeugbeschaffungen an. Im September 2006 stellte die Stadler Rail AG aus der Schweiz die vierte Generation ihres bewährten Gelenktriebwagens GTW aus – hier ein Fahrzeug für die Arriva plc. Daneben steht der neuentwickelte Regionalzug PROTOS der FTD Fahrzeugtechnik Dessau AG / Transmashholding, der hier erstmals der Öffentlichkeit präsentiert wurde. Dabei handelt es sich um einen elektrisch oder dieselelektrisch angetriebenen Niederflur-Regionalzug mit einer Höchstgeschwindigkeit von 160 km/h, der ein-, zwei-, drei-, oder mehrteilig gebaut wird und von dem die niederländische Verkehrsgesellschaft Connexxion fünf Züge in Dessau bestellt hat. Noch auf der InnoTrans 2006 wurde der erste PROTOS symbolisch von der Conexxion übernommen und der silberne Zug dafür mit hellblauer Folie und den Logos der Bahnlinie „Valleilijn" beklebt. Solche Fahrzeugneuheiten locken aber nicht allein Besteller und „geschäftlich Interessierte" an; an den beiden Publikumstagen gewährt die InnoTrans freien Eintritt und lässt so Tausende von Eisenbahnfans aller Altersgruppen an den neuesten Entwicklungen teilhaben. Seit der InnoTrans '98 öffnet die Messe für die Öffentlichkeit ihre Pforten; für viele ist dieser Termin seitdem zu einer Art Pflicht geworden.

BÜHNE FREI! Politiker, Wirtschaftsgrößen und Bahnchefs nutzen die InnoTrans nicht nur, um sich über neueste Entwicklungen zu informieren, sondern auch, um Fahrzeugübergaben zu zelebrieren.

Im September 2000 warten DB-Chef Hartmut Mehdorn und Siemens-TS-Bereichsvorstand Hans M. Schabert auf die gleich beginnende symbolische Übergabe des Desiro 312–001 an die Slowenische Staatsbahn (SŽ).

Frau Ullrich, was tun Sie da?

Anja Ullrich (links) und Lydia Weiss

Ich sitze gerade über meinem ETCS-Umbauplan. Beschäftigt bin ich beim Lokvermieter MRCE Dispolok im Flottenmanagement. Dort habe ich mit meinem Kollegen aus dem Technical Department die Projektleitung für ein großes Umbauprogramm an einem Teil unserer Europaloks. Alle unsere so genannten Mehrsystemlokomotiven rüsten wir derzeit mit einem neuen Zugsicherungssystem aus. Dies nennt sich European Train Control System, kurz ETCS, und soll zukünftig die Vielfalt der derzeit noch unterschiedlichen nationalen Sicherungssysteme ersetzen. Stellen Sie sich vor: Manche unserer Loks haben zurzeit fünf verschiedene Systeme an Bord, für jedes Land eines! Und jedes kostet Geld! Das Umbauprojekt umfasst über 100 Lokomotiven. Kontrolle und Steuerung der Arbeiten ist uns sehr wichtig, deshalb haben wir eine Art „Vier-Augen-Prinzip". Immerhin verbauen wir viele Millionen Euro. Und deshalb ziehe ich immer wieder meine Kollegin Lydia Weiß hinzu, damit auch sie ein Auge auf die Planung wirft.

Als ich damals Verkehrswirtschaft in Dresden studiert habe, hatte ich mir nicht gedacht, dass ich so etwas mal machen werde. Jetzt muss ich übrigens noch einen Lokführer für eine Versuchsfahrt organisieren! Und für die F4 – 089 muss ich eine Ersatzlok für den Kunden Ferrovie Nord Milano disponieren, damit uns hier keine Miete verloren geht und der Kunde seine Züge fahren kann. Hoffentlich bekomme ich eine gute Trasse in Richtung Schweiz und Italien zugewiesen, sonst kommt mein Lokführer über seine Arbeitszeit, und ich muss ihn in Basel schlafen lassen.

Mit Feuereifer!
Museumsbahner

Samstagmittag, kurz nach zwölf. Aus dem Lokschuppen tönen gleichmäßige Hammerschläge. Hinten im Gelände zerkleinern zwei Männer mit kreischender Säge Holz, zwei Jungen bringen die Scheite auf polternden Schubkarren zum Schuppen. Arbeitseinsatz im Eisenbahnmuseum. Einige haben schon am Morgen begonnen. Bis kurz nach vier geht es, dann ist Pause. Zeit für eine Tasse Kaffee.

Wochenende für Wochenende kommt der harte Kern der Vereinsmitglieder zusammen, steigt in grobe Arbeitskluft und macht sich ans Werk. Im normalen Leben haben sie miteinander wenig zu tun, jetzt verschwimmen die sozialen Grenzen. Berufseisenbahner und Hobbyisten, Akademiker und Handwerker, Teenager und Pensionäre – willkommen bei der Museumsbahn, Ihrer zweiten Familie.

Was treibt die Aktiven dazu an, ihre Freizeit für diesen Zweck zu opfern? Für Arbeiten, die in schmutzige Knochenjobs ausarten können und die man auch bei Gluthitze oder beißendem Frost erledigen muss? Die Gründe sind verschieden. Manche freuen sich schlicht darauf, Handwerk zu verrichten. Andere reizt das Konstruktive. Motto: „Man hat ein Stück Schrott und macht etwas daraus." Alle jedoch verbindet die heiße Liebe zur Eisenbahn, oft speziell zur Dampflok. Bei der Museumsbahn sind die Maschinen von einst ganz nahe. Mehr noch, man kann sich den unvergessenen Traum aus Kindertagen erfüllen und irgendwann einmal eine Lok fahren. Gestern Jim Knopf, heute Lukas, der Lokomotivführer. Emma wartet.

Eisenbahn sammeln

Mit Feuereifer gehen die Museumsbahner ihre Vorhaben an. Sie setzen Lokomotiven unter Dampf, unter Strom oder werfen die Dieselmotoren an – wo immer es der technische Zustand und die Finanzen erlauben. Auch sonst sammeln die Mitglieder alles, was historische Eisenbahnen dokumentiert: Wagen, Schienen, Signaltechnik, Werkzeuge, Uniformen, Kursbücher ... Im Alltag hat das so seine Tücken. Nicht nur wegen der Räumlichkeiten und der verfügbaren Hände, von denen es immer zu wenig gibt. Eine betriebsfähige Aufarbeitung verlangt gute Kenntnisse und stellt die Beteiligten oft vor schwer lösbare Probleme, gerade bei Lokomotiven. Die Schienenveteranen brauchen gute Pflege. Ein Umstand, der für sich wieder Zeitkolorit versprüht: „Wir reparieren die Fahrzeuge von gestern mit Werkzeugen von vorgestern", hat ein Museumsbahner mal gesagt. Ausdauer ist nicht minder gefragt. „Der Lokheizer im Museum", so ein weiteres geflügeltes Wort, „nimmt die Kohle fünf Mal in die Hand. Beim Schippen vom Güterwagen aufs Lager, beim Schippen vom Lager in den Kohlehunt, beim Umladen vom Hunt in den Tender, beim Schippen vom Tender in die Feuerbüchse und beim Leerschippen der Schlackegrube."

Andererseits erwerben die Aktiven im Laufe der Jahre beachtliches technisches Wissen – und eine bemerkenswerte Ausstattung. Für manche Arbeiten ist heute ein Museumsverein die ideale Anlaufstelle. Und mancher, der hier auf den Eisenbahngeschmack kam, machte das Hobby bei einer Bahngesellschaft zum Beruf. Zum Teil entstanden aus den Vereinen heraus eigene Verkehrsunternehmen.

In der musealen Familie bleiben indes Reibereien nicht aus. Bei so vielen Experten, so vielen Vorlieben streiten die Einzelnen gern mal um die Prioritäten, um aufzuarbeitende Loks und einiges mehr. Im Normalfall währt das nicht lange. Die nächste Sonderfahrt versöhnt meist, nicht nur, weil sie Geld bringt. Glückliche Kinder, begeisterte Fahrgäste vermitteln die Botschaft: Ihr macht das gut. Solches Lob spornt an, zu den nächsten Vorhaben und zum nächsten Samstagseinsatz. Obwohl, der war ja sowieso schon fest eingeplant.

HEREINSPAZIERT! Seit 1985 lädt die Fahrzeugsammlung des Bayerischen Eisenbahnmuseums im ehemaligen Bw Nördlingen mit zahlreichen interessanten Dampf-, Diesel-, Elektrolokomotiven und Wagen Eisenbahnfreunde aus aller Welt zur Besichtigung ein. Mit dabei sind unter anderem die 38 3180 (LHB 2.257/1921) und die 57 3525 (Rheinmetall 913/1926), die beide vor Jahren in Rumänien gekauft und nach Nördlingen gebracht wurden. Die Nummer 57 3525 ist eine fiktive Loknummer in Anlehnung an das deutsche Nummernsystem; denn die Lok wurde seinerzeit direkt von Rheinmetall an die CFR geliefert und war dort nach rumänischem Nummernsystem als 50.227 im Einsatz.

Oben: **GEHEILIGT UND VEREHRT** Die DB-Baureihe 420 – der „Olympiazug" – wurde in den langen Jahren ihres Plandienstes von den Eisenbahnfreunden kaum beachtet. Erst als bei der Münchner S-Bahn die Ablösung der Fahrzeuge im großen Stil begann und immer mehr Fahrzeuge der Nachfolgebaureihe 423 zum Einsatz kamen, bildete sich eine regelrechte Fangemeinde um den Elektrotriebwagen. Ein Effekt: Der S-Bahn-Triebzug bekam einen Spitznamen und heißt heute in Fankreisen „heiliger ET". Auch die S-Bahn München GmbH schätzt das Fahrzeug; sie erhält den Vorserien-Zug 420 001 (MAN/AEG-Telefunken, 1969) als betriebsfähiges Museumsfahrzeug im Auslieferungszustand und setzt ihn über die Interessengemeinschaft S-Bahn München e.V. (IGS-Bahn) regelmäßig für Sonderfahrten ein. Auf unserem Foto sorgt der 420 001 im Juli 2007 in München Ost aus Anlass des Jubiläums „35 Jahre S-Bahn München" für neugierige Blicke der Fans. Wer den 420 noch im Alltag erleben möchte, sollte unterdessen nach Frankfurt (Main), Essen oder Stuttgart pilgern: Bei den dortigen S-Bahnen ist der „heilige ET" auch heute noch täglich im Planbetrieb anzutreffen.

Rechts: **ZEITLOS UND ELEGANT** Museumsbahner ist nicht gleich Museumsbahner. Die einen begeistern sich für Dampfloks, andere beispielsweise für die Dieseltraktion. Beide Gruppen finden sich beim SEM in Chemnitz-Hilbersdorf, das in seiner umfangreichen Fahrzeugsammlung auch zwei V 180 der Deutschen Reichsbahn in seinem Bestand hat. Eine davon, die B'B'-Lok V 180 141 (LKM 27.5128/1966) ist die vierachsige Variante der „dicken Babelsbergerin" und trägt die klassische Reichsbahn-Lackierung in Rot/Beige mit zwei durchgehenden Zierstreifen. Keine Frage: eine zeitlos elegante Erscheinung, die wie die V 200 der Bundesbahn noch immer viele Freunde findet. Und sogar einige private EVU begeistern sich für die V 180: Die Mitteldeutsche Eisenbahn GmbH (MEG) hat allein sieben „dicke Babelsbergerinnen" in der sechsachsigen Version (Achsfolge C' C') im Einsatz (siehe auch Seite 119).

MUSEUMSBAHNER

Links: 94 DIE ERSTE Die 94 1292 (Henschel 18.885/1922) der „Dampfbahnfreunde mittlerer Rennsteig e.V." ist im Januar 2005 im Thüringer Wald mit einem Sonderzug auf der Steilstrecke Ilmenau – Rennsteig – Schleusingen unterwegs. Überall, wo die Dampflok auftaucht, sorgt sie für große Augen bei Einheimischen und Urlaubern. Besonders die Kinder freuen sich über das dampfende Ungetüm. Die 1904 eröffnete Strecke war die erste preußische Staatsbahnlinie mit Zahnradbetrieb. Bis in die späten 20er-Jahre des vorigen Jahrhunderts lag hier eine Zahnstange des Systems Abt. Zwischen den Bahnhöfen Stützerbach (unser Foto) und Rennsteig überwindet die Strecke im Adhäsionsbetrieb auf 4,4 Kilometern einen Höhenunterschied von 157 Metern. Auf diesem Abschnitt lässt die 94er das Freizeit-Lokpersonal auch nachempfinden, wie anspruchsvoll der Plandienst auf Steilstrecken gewesen ist. (RBH)

Unten: 94 DIE ZWEITE Hier kommt noch eine 94er, allerdings eine E 94, auch „deutsches Krokodil" oder „Eisenschwein" genannt. Im Sächsischen Eisenbahnmuseum in Chemnitz-Hilbersdorf finden im Juli 2006 Lackierarbeiten an der E 94 052 (AEG 5.331/1941) der LEG Leipziger Eisenbahngesellschaft statt. Die 4.500 PS starke Ellok wurde Anfang 2006 von der Prignitzer Eisenbahn-Gesellschaft an die LEG verkauft. In Chemnitz wird sie für die Feierlichkeiten zum Jubiläum „100 Jahre Bahnbetriebswerk Engelsdorf" im alten DR-Farbschema mit rotem Fahrwerk und grünen Aufbauten lackiert. Dabei ist eine sichere Hand an der Spritzpistole gefragt, schließlich sollen keine Farbnasen den Neulack verunzieren. Anfang August 2006 erfreute das „Eisenschwein" dann als 254 052–4 beschriftet im Reichsbahn-Outfit die Eisenbahnfreunde in seiner ehemaligen Heimatdienststelle Engelsdorf. Im Einsatz dürften die E 94 ihren Meistern wohl weniger Kraft abverlangt haben als die Dampf-94er am Rennsteig.

Rechts: KOHLELADER Die Steinkohle für die Lok „JACOBI" (Jung 989/1906) wird in Weißwasser per Eimer vorsichtig in deren Kohlekästen gefüllt. Die Maschine befindet sich im Oktober 2006 als Gastlok des Frankfurter Feldbahnmuseums (FFM) bei der Waldeisenbahn Muskau (WEM) und nimmt hier an Sonderfahrten teil. Die wunderschön restaurierte 600-Millimeter-Schmalspurlok hat einen sehr interessanten Lebenslauf: Von 1906 bis 1949 war sie bei der Mecklenburgisch-Pommerschen Schmalspurbahn (MPSB) als Lok Nummer 1 (Zweitbesetzung) im Einsatz. Nach Übernahme der Bahn durch die DR erhielt sie 1949 die Nummer 99 3351 und fuhr bis 1969 weiter bei der ehemaligen MPSB. 1973 wurde die Lok als Devisenbringer in die USA verkauft, wo sie mehrfach den Besitzer wechselte. 1998 erwarb das FFM die Maschine und ließ sie nach Frankfurt (Main) transportieren, wo sie komplett zerlegt und aufwendig als Lok 1 „JACOBI" der MPSB restauriert wurde. Seitdem ist sie wieder im Einsatz und wird von ihrem Lokpersonal sehr sorgsam behandelt.

Unten: WEICHENSTELLER „Anfassen verboten!" heißt es in vielen Museen, was angesichts der wertvollen Exponate auch verständlich ist. Umso größer die Freude – vor allem bei Kindern –, wenn es museale Angebote zum „Begreifen" gibt, so wie hier im Außenbereich des Molli-Museums der MBB in Kühlungsborn West. Im ehemaligen Kleingarten des Bahnhofsvorstehers, gleich neben dem Bahnsteig 1, locken seit 1996 u.a. ein Kesselschnittmodell der 99 2323, ein Kohlekran und diverse Signale Besucher an. Bei den Kindern erfreut sich der kleine Feldbahnzug, bestehend aus einer Diesellokomotive Ns 1 und drei Loren, allergrößter Beliebtheit. Ob als Weichensteller, Lokführer oder Fahrgast im Feldbahnzug – im August 2006 macht Eisenbahn spielen einfach nur großen Spaß!

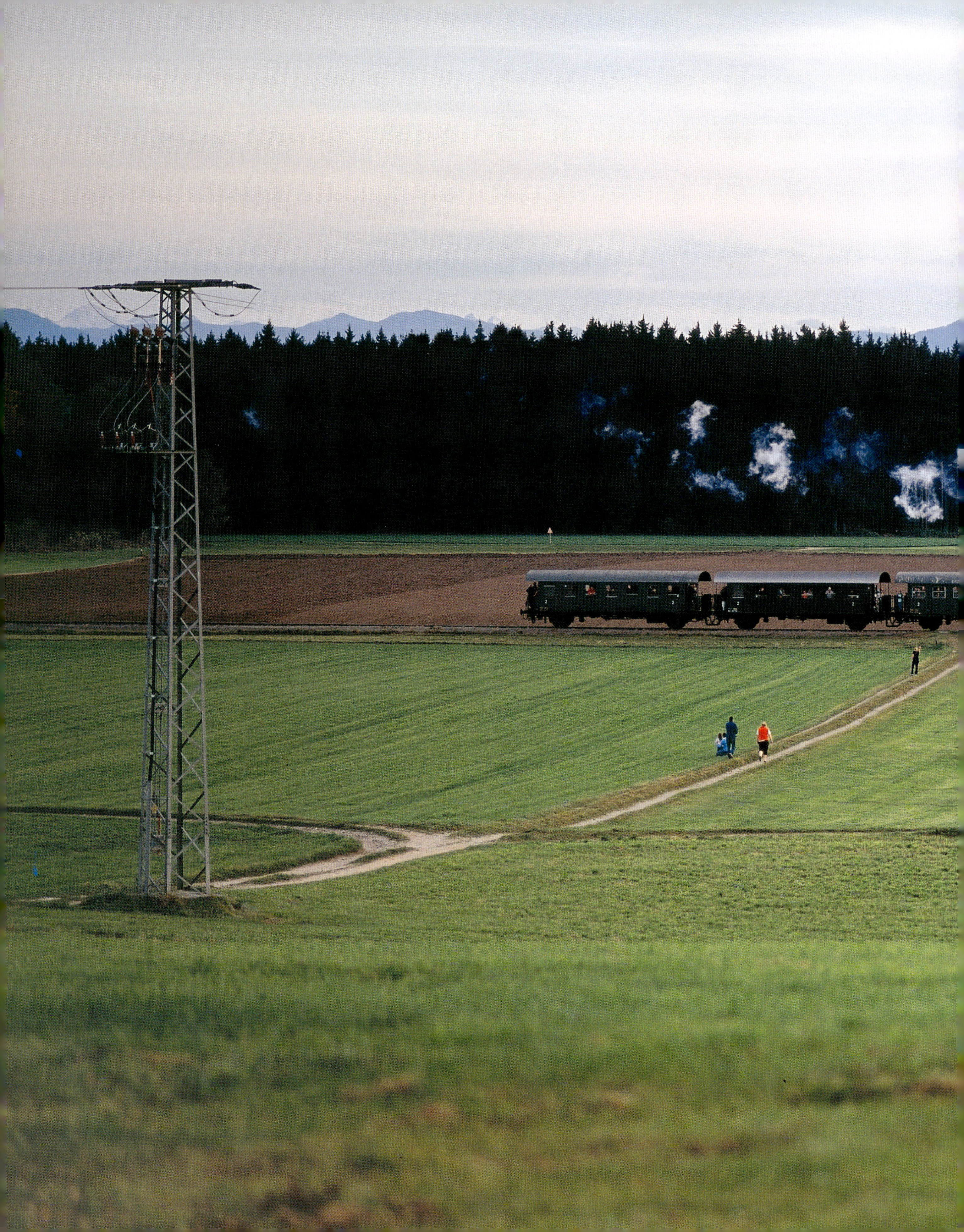

LEO KOMMT! Die Lokalbahn Bad Endorf – Obing (LEO) feiert 2008 ihr 100-jähriges Bestehen. Die vom Verein Chiemgauer Lokalbahn e.V. und der Chiemgauer Lokalbahn Betriebsgesellschaft mbH & Co. KG betriebene Museumsbahn führt auf der landschaftlich reizvollen Strecke regelmäßig an den Wochenenden Fahrten mit dem vereinseigenen Esslinger-Triebwagen VT 103 durch. Die DB hatte den Personenverkehr auf der Strecke bereits 1968 eingestellt. Aber auch Dampfzüge mit Loks der ÖGEG locken jährlich viele Eisenbahnfreunde an diese Strecke. Im Oktober 2006 zum Beispiel pendelte die 657.2770 (Malaxa 299/1938) der ÖGEG zum Saisonabschluss mit einem Personenzug auf der LEO. Auf dem Foto dampft die preußische G 10 Tender voran mit dem letzten abendlichen Zug von Obing nach Bad Endorf bei Ellerding durch das schöne Chiemgau. Einmal mehr profiliert sich die Dampflok als Publikumsmagnet: Die Anwohner der nahen Häuser sind zum Zug gelaufen, um ihn winkend zu verabschieden.

WASSERWACHT Hier begegnet uns noch einmal die 03 1010 von Seite 20/21 in Chemnitz-Hilbersdorf. Hand in Hand versorgt das eingespielte Lokpersonal die Maschine. Während der Heizer mit dem Abölen beschäftigt ist, behält der Lokführer das Wassernehmen im Auge. Gleich sind nämlich die 34 Kubikmeter Wasser im Tender aufgefüllt, und er möchte eine Überflutung des Tenders und der Umgebung wegen eines eventuell nicht rechtzeitig zugedrehten Wasserkranes vermeiden. Das ovale Schild „VES-M Halle/S." am Führerhaus verweist übrigens auf die frühere Zugehörigkeit der Lok zur Versuchs- und Entwicklungsstelle Maschinenwirtschaft der Hauptverwaltung Maschinenwirtschaft der DR in Halle/Saale. Dort wurden unter anderem das bei der DR eingesetzte Rollmaterial aus eigener und fremder Produktion umfassend geprüft und Messfahrten mit Exportfahrzeugen der DDR-Schienenfahrzeugindustrie vorgenommen. Die 03 1010 ist heute im DB Museum Halle/Saale stationiert.

Oben: SICHTKONTROLLE Was wären die Museumsbahnen ohne ihre begeisterten Besucher und Fahrgäste? Die erste deutsche Museumseisenbahn gründete und betreibt der Deutsche Eisenbahn-Verein e.V. (DEV). Die dampfbetriebene 1.000-Millimeter-Schmalspurbahn Bruchhausen-Vilsen – Asendorf in Niedersachsen lockt seit 1966 jährlich tausende Besucher mit ihren Fahrzeugen an.

Unten: DER „POLLO" KOMMT! Eisenbahnfotografen reisen zwar auch gern zu Museumsbahnen, tragen aber deutlich weniger zu den Einnahmen der Vereine bei; oft fahren sie nur mit dem Auto parallel zur Strecke, um von außen zu fotografieren, und benutzen die Züge eher selten. Aber es gibt auch Ausnahmen – zum Beispiel Fotoveranstaltungen, bei denen die Fotografen für den Einsatz von speziellen Zügen bezahlen, so wie hier im Mai 2006 beim „Pollo" in der Prignitz. Die 99 4511 (Krauss-Maffei 4.113/1899) ist mit einem stilechten PmG auf der 750-Millimeter-Schmalspurbahn unterwegs und erfreut die zahlreich angereisten Fotografen. (RBH)

Nächste Seite: HEIMGEKEHRT Im Eisenbahnmuseum Darmstadt-Kranichstein stand im Mai 2008 die preußische G 8 4981 „Mainz" (Hanomag 6.721/1913) unter Dampf. Die Lokomotive hat eine bewegte Geschichte: Von 1913 bis 1916 war sie bei der KPEV als Lok 4981 „Münster" im Einsatz, anschließend wurde sie zusammen mit 24 weiteren Loks an die Türkei zum Bau der Bagdadbahn abgegeben. Bei der TCDD war sie als 44 079 im Einsatz, wurde 1987 – noch betriebsfähig – vom Eisenbahnmuseum Darmstadt-Kranichstein gekauft und in einer abenteuerlichen Überführungsfahrt nach über 70 Jahren zurück nach Deutschland gebracht.

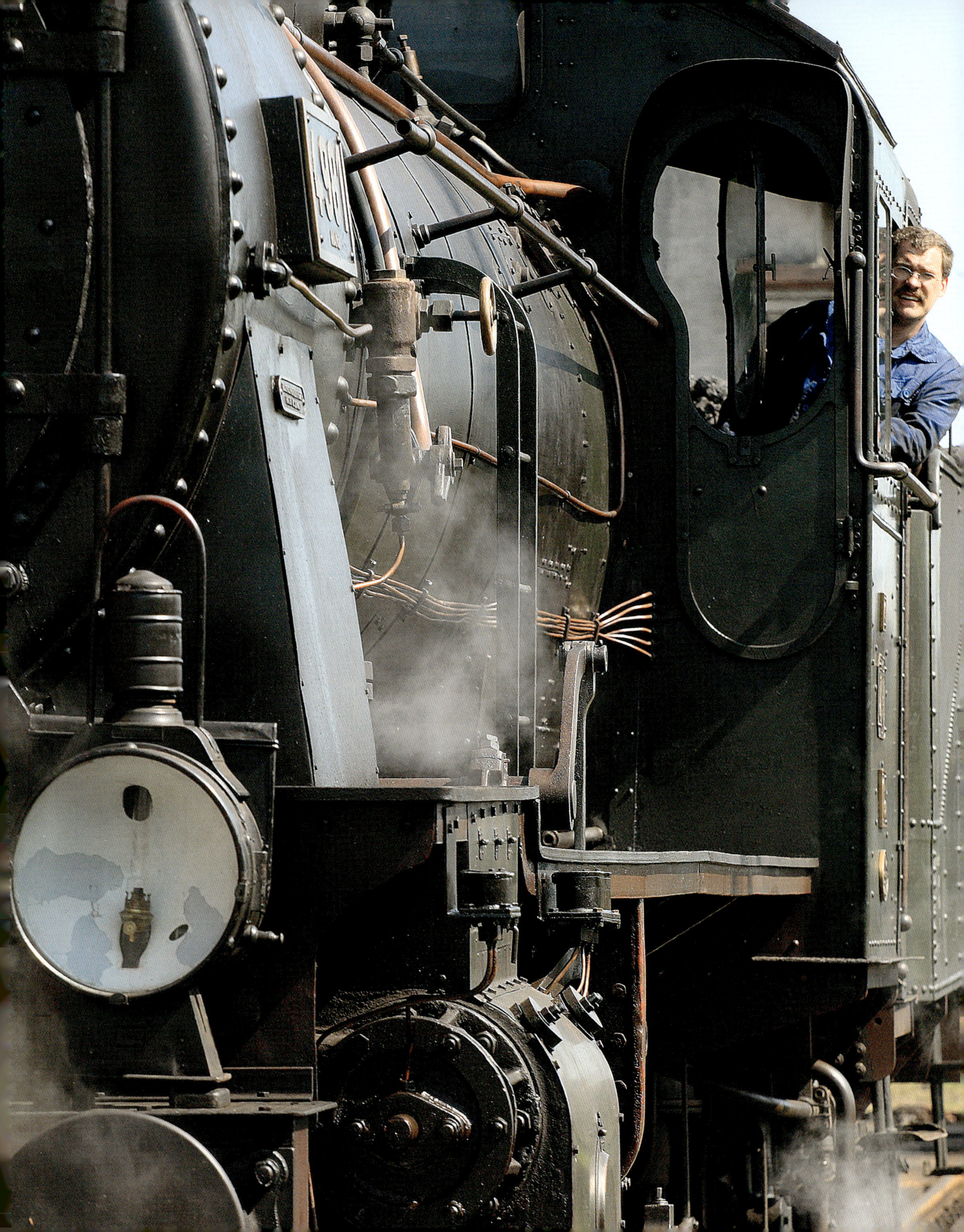

Herr Jaster, was tun Sie da?

Schweißen, bohren, flexen, schrauben ... Das alles kann sich jeder vorstellen, wenn es um die Aufarbeitung einer Dampflok geht. Aber was soll dann bitte das Arbeiten mit Seitenschneider und Abisolierzange? Mit Messgerät und Quetschzange? Nun gut, auch ein bisschen Elektrik gehört zu einer Dampflok dazu; schließlich sollen die Spitzenlichter, Triebwerkslampen und Führerstandsbeleuchtungen mit Spannung von der Turbolichtmaschine versorgt werden. Aber die Verdrahtung unterhalb des rechten Führerstandes hat damit nichts zu tun. Hier geht es um modernere Technik. Alle Triebfahrzeuge, die auf Strecken mit Zugbeeinflussung verkehren, müssen heutzutage auch mit einer PZB-Fahrzeugausrüstung versehen werden.

Genau genommen gab es das schon zur Dampflokzeit, aber damals hatten das noch längst nicht alle Dampfrösser – die Reichsbahn-Maschinen der Baureihe 52.80 zum Beispiel nicht. Bevor also die 52 8168 wieder auf die Strecke gehen darf, muss sie ihre Abnahme nach §32 der Eisenbahn-Bau- und Betriebsordnung (EBO) bestehen. Und dazu gehört eine funktionierende und geprüfte Zugsicherung PZB (früher sagte man dazu Indusi). Eine PZB besteht aus mehreren Komponenten, die alle untereinander verdrahtet sein müssen. Hier werden gerade die Zuleitungen von den beiden Fahrzeugmagneten und vom Geschwindigkeitsgeber zum Schaltkasten gelegt. Und damit man auch mal Lok und Tender trennen oder einen defekten Fahrzeugmagneten tauschen kann, ohne gleich die ganze Verkabelung auseinanderzureißen, sitzen unter dem Führerstand auf der rechten Seite so genannte Trenndosen. Auf dem Foto stechen sie durch ihre gelbe Farbe direkt ins Auge.

Übrigens: Seit Anfang 2007 gelten für Neuabnahmen neue zwölfstellige Fahrzeugnummern, die an der Fahrzeugseitenwand anzuschreiben sind. Wie das an einer Reko-52er aussieht, kann man hier schon mal bewundern.

Die schnellste Lok der Welt!
Die Rekordfahrt der 1216.050

27. August 2006, Mulhouse (Frankreich), Eisenbahnmuseum:

Da stehen sie: Die Elloks BB-9004 und CC-7107 der Französischen Staatsbahn SNCF. Im März 1955 haben sie den Weltrekord für Lokomotiven aufgestellt – 331 km/h. 51 Jahre ist das jetzt her, und niemand hat diese sensationelle Bestmarke seither überboten. Das soll sich ändern. Zwei Leute arbeiten daran, den Wert zu knacken: Alex Dworaczek, Lokführer und Flottenchef bei Siemens Dispolok, sowie Jörg Schurig, Projektleiter bei Siemens. Anfang 2006 haben die beiden mit den Vorarbeiten für ihren Rekordversuch begonnen, haben ihre gesamte Freizeit geopfert, Mitstreiter gewonnen (die meisten als Freiwillige), Verhandlungen geführt, juristische Hürden überwunden. Aus der fixen Idee, bei einem Kneipenabend entstanden, wurde ein Mammutprojekt. Inzwischen ziehen 18 Sponsoren mit. Sponsoren wie die IGE Hersbruck, die als pri-

Oben: Mehrere Designentwürfe standen für die Weltrekordlok zur Auswahl. Diese Zeichnung zeigt den Siegerentwurf, nach dem die Lok später gestaltet wurde. (KVK)

Unten: Ultraschallprüfung einer Achswelle der 1216.050 im Vorfeld der Fahrten im Versuchszentrum der DB AG in Minden. (DB)

vates Eisenbahnverkehrsunternehmen die Durchführung der Versuchsfahrten beantragt hat.

Dworaczek und Schurig wollen aber nicht, wie die SNCF, mit aufgerüsteten Maschinen auf präparierter Strecke fahren. Ihren Weltrekord soll ein Triebfahrzeug im Serienzustand auf einer normalen Strecke erzielen. Die Gelegenheit dafür ist günstig. Einmalig günstig. Aus der Siemens-Fertigung steht die Ellok 1216.050 zur Verfügung, ein Taurus 3, der später an die Österreichischen Bundesbahnen geht. Die ÖBB haben ihr Okay für die Verwendung gegeben. Noch wichtiger: Im Mai 2006 startete der Vorlaufbetrieb für die Schnellfahrstrecke Ingolstadt – Nürnberg; zwischen den wenigen regulären Zügen dort lassen sich noch Versuchsfahrten einlegen. Doch das Zeitfenster ist denkbar knapp. Zwischen der Fußball-Weltmeisterschaft im Juni/Juli, dem Papstbesuch und dem Oktoberfest im September muss alles über die Bühne gehen.

Die 1216.050 ist seit Sommer für die Fahrten vorbereitet: Sie hat ein Messdrehgestell erhalten; Bahnräumer und Scheibenwischer fehlen, um etwaige Luftverwirbelungen bei den Schnellfahrten zu vermeiden. Das heißt auch, dass es bei dem Rekordversuch nicht regnen darf. Die Softwarebegrenzung der Lok ist ausgeschaltet – ansonsten aber entspricht sie einer Serienlok, mit Serienmotoren und Serienstromabnehmer. Die DB stellt einen Messwagen, um die Fahrten zu überwachen. Insgesamt 148 Tonnen wiegt das Gespann; weil der Taurus mit 21,4 Tonnen Radsatzlast mehr auf die Waage bringt als der ICE, braucht er eine eigene Genehmigung.

Überhaupt waren Genehmigungen das Thema in diesen Wochen. Erst Mitte August lagen die letzten vor, dann endlich konnten Dworaczek, Schurig und ihre Mannschaft loslegen. Auf dem Neubaustrecken-Abschnitt Kinding – Allersberg, rund 35 Kilometer lang, begannen sie am 21. August mit der ersten der so genannten Hochtastfahrten. Die 1216.050 erreichte 230 km/h, die Auswirkungen auf Stromabnehmer, Drehgestelle und Strecke wurden überprüft. Das hieß, dass die Experten im Messwagen Tausende von Messsignalen auswerteten. Nur eine Überschreitung der zulässigen Grenzen, und das Ganze wäre abgebrochen worden. Doch alles ging glatt; die nächste Fahrt konnte starten, mit um 20 km/h erhöhter Geschwindigkeit und den selben umfangreichen Messungen. Auch da blieb alles im Rahmen, die nächste Fahrt mit nochmals erhöhtem Tempo

Oben: Klammheimlich und von keinem Außenstehenden bemerkt erhält die spätere Weltrekordlok nach den erfolgreichen Hochtastfahrten in einem Lokschuppen in Ingolstadt ein neues Design. Nach dem Lackieren des Lokkastens werden die Sponsorenlogos aufgeklebt. (KVK)

Unten: Nach jeder Hochtastfahrt musste das Laufwerk eingehend untersucht werden, bevor die nächste Fahrt mit höherer Geschwindigkeit frei gegeben werden konnte. Ein ICE passiert in Allersberg den Messzug. (ADW)

DIE REKORDFAHRT DER 1216.050

250 m

R 90m

durfte folgen und so fort. In zehn Durchläufen hat sich das Versuchsteam auf 330 km/h hochgetastet. Probleme an Lok oder Strecke? Fehlanzeige. Damit ist klar: Dem Rekordversuch steht aus technischer Sicht nichts im Wege. Das Vorhaben, das bislang unbemerkt von der Öffentlichkeit ablief, kann nun in offiziellem Rahmen geplant werden. Mit vielen Gästen und angemessener Ausstattung.

Deswegen sind Alex Dworaczek und Jörg Schurig heute auch nach Mulhouse gekommen. Zu ihrem Rekordversuch wollen sie die französischen Schnellfahrloks, die sonst im Museum stehen, im Bahnhof Kinding ausstellen. Tatsächlich zeigt Frankreich Größe und gibt die Rekordhalter für den Abstecher ins Altmühltal frei. Vor Ort klären die beiden Initiatoren die letzten Details für die Überführung der Ehrengäste. Der Termin für das Ereignis steht unerschütterlich fest: Am Samstag, 2. September, muss die 1216 den Rekord packen. Einen anderen Tag gibt es nicht.

1. September 2006, abends, Ingolstadt:

Kurzfristig konnte Alex Dworaczek mit Solvie Lange eine Bekannte aus Hamburg anwerben, die das Event Weltrekordfahrt von Kinding aus organisiert. Die letzten zehn Tage hat sie sich den Schreibtisch mit der Bürgermeisterin geteilt. Hunderte von Ehrengästen und Journalisten sind eingeladen, die Presse der Region rührte kräftig die Werbetrommel. Die DB stellt einen fabrikneuen ICE-T ab München für die Anreise. Und die 1216.050 hat still und heimlich in ihrem Quartier in Ingolstadt eine rekordverdächtige Lackierung bekommen: Ein Designer entwarf ein Farbschema in Verkehrsgrau, angelehnt an die Rekordloks aus Reichsbahnzeiten. Darauf finden sich runde Startnummernfelder, wie bei einem Rennwagen. Auf denen werden später die Sponsoren und die erreichte Geschwindigkeit des Weltrekords stehen.

Alex Dworaczek und Jörg Schurig sind hoch konzentriert: Wird die Fahrt auch wirklich klappen? Es darf nicht regnen, unter anderem, weil dann der berechnete Bremsweg nicht mehr ausreicht. Außerdem muss sich der Seitenwind in Grenzen halten. Kurz, es braucht die Erlaubnis des Wetterdienstes, sonst fällt der Rekordversuch flach. Dann erhalten sie die Prognose für den Folgetag: Das Wetter soll halten. Beiden fällt ein Stein vom Herzen.

Links: Armstarke Kabelstränge verbinden die Lokomotive mit dem Messwagen. Gut erkennbar ist auch der spezielle Mess-Stromabnehmer, mit dem der Taurus für die Weltrekordfahrten ausgerüstet wurde. Die Zustände aller Komponenten der Lok wurden permanent im Messwagen überwacht. (SIE)

Rechts: Am Vormittag des 2. September 2006 drängeln sich Fotografen auf dem Bahnsteig im Fest-Bahnhof Kinding, um die besten Fotos von den hier aufgestellten Lokomotiven zu machen. Im Hintergrund steht die bisherige Weltrekordhalterin, die französische Weltrekordlok BB 9004 – kurz vor der Entthronung.

2. September 2006, Ingolstadt, am Morgen:

Ein schlechter Start: Die Spannung der Bordnetzbatterie bei 1216.050 ist stark gesunken. In der Halle, in der die Lok steht, gibt es keine Oberleitung. Also konnte die Batterie nicht nachgeladen werden. Bei den vielen Prüfungen an Bord haben die Verantwortlichen das ein wenig aus den Augen verloren. Und nun ist die Batterie ziemlich ausgelaugt. Wertvolle Zeit verrinnt, bis man sie wieder aufgeladen hat.

2. September 2006, 12:15 Uhr, Kinding:

Bei Sonnenschein trifft der ICE mit Festgästen und Presseleuten im Bahnhof Kinding ein. Am Bahnsteig gegenüber erwartet sie eine Fahrzeugausstellung: verschiedene Taurus-Loks, dazu die E 03 001, die einst deutsche Schnellfahrgeschichte schrieb, und eben die beiden Weltrekord-Loks der SNCF. Massen von Menschen strömen aus dem ICE zum Parkplatz, wo ein großes Festzelt aufgestellt ist. Die Ansprachen beginnen, wenig später kommt das Gespann aus 1216.050 und DB-Messwagen an. Die Bürgermeisterin von Kinding tauft die Lok. „Kindig/Altmühltal" heißt die 1216.050 jetzt.

2. September 2006, 12:45 Uhr, Kinding:

Langsam fertig machen zum ersten Rekordversuch. Obwohl nur die absolut notwendigen Beteiligten mitfahren, sind Lok und Messwagen voll mit Menschen. Allein im Führerraum der 1216 halten sich ein Dutzend Leute auf – Lokführer, Versuchsleiter, Ingenieure, Kamerateams. Kein Mensch kann sich dort bewegen. Doch das spielt jetzt keine Rolle. Es geht um den Weltrekord.

2. September 2006, 13:45 Uhr, Kinding:

Zwei Busse bringen die Pressevertreter über die Autobahn A9 nach Hilpoltstein, an die Stelle, wo der Taurus voraussichtlich Weltrekordtempo erreichen wird. Aber nicht nur dort erwartet man den Sonderzug. Dicht an dicht reihen sich die Menschen an der Neubaustrecke, kilometerlang! Mit Kameras, mit Campingstühlen, alle in freudiger Erwartung. Hätte irgendjemand erwartet, dass die „gute alte Eisenbahn" so viele Leute auf die Beine bringt?

Oben: Die Mienen der Lok-Besatzung lassen die Situation erahnen! Soll es das jetzt schon gewesen sein, noch bevor es überhaupt losging? Ein Messfühler am Stromabnehmer ist kurz zuvor kaputt gegangen und droht die Weltrekordfahrt scheitern zu lassen. Die Reparatur zieht sich hin, und die Batteriespannung von Lok und Messwagen nimmt aufgrund fehlender Versorgung vom Stromabnehmer bedrohlich ab. (IGE)

2. September 2006, gegen 14:00 Uhr, Streckenabschnitt vor Kinding: Der Himmel bewölkt sich – könnte etwa doch Regen die Schnellfahrten gefährden? Zwei Versuche sind vorgesehen: Im ersten soll der alte Weltrekord fallen, im zweiten will das Team den Wert noch steigern. Alex Dworaczek fährt die 1216, sein Vater Werner Dworaczek fungiert als der bei diesen Fahrten notwendige zweite Lokführer. Er informiert den Sohn über die aktuelle Geschwindigkeit und die Geschwindigkeitsvorgaben. Die laufende Geschwindigkeit liefert ein Extra-Tachometer mit Digitalanzeige; der reguläre Tacho des Taurus

Links: Es geht los! Alex Dworaczek winkt den Menschenmassen auf dem Bahnsteig in Kinding ein letztes Mal zu, dann schiebt die designierte Weltrekordlok 1216.050 den Messwagen in Richtung Ingolstadt zur Startposition der ersten Weltrekordfahrt. (IGE)

Rechts: Fieberhaft wird die defekte Messeinrichtung am Lokdach repariert. Jörg Schurig steht auf der Leiter und scheint ratlos. Alex Dworaczek schleicht nachdenklich an der Lok entlang. In der sprichwörtlich allerletzten Minute gelingt die Reparatur des defekten Messfühlers. Jetzt geht es wirklich los! (DB)

DIE REKORDFAHRT DER 1216.050

endet bei 240 km/h. Für den Rekordversuch ist der Abschnitt Kinding – Allersberg ideal; die Strecke verläuft gerade, hat wenig Weichen und nur einen Anbau an der Seite. Der Zug nutzt das Gleis Ingolstadt – Nürnberg und hat bei den Rekordversuchen „grüne Welle" bis kurz vor Nürnberg; alle Signale sind auf Fahrt gestellt, die Strecke wird komplett freigehalten. Zugbegegnungen kann und darf es nicht geben.

2. September 2006, gegen 14:15 Uhr, Strecke Kinding – Allersberg: Schock für das Weltrekordteam! Eine Messsonde am Stromabnehmer ist ausgefallen; die Reparatur lässt sich nur bei abgebügeltem Pantographen und geerdeter Oberleitung erledigen. Soll nach all den Vorbereitungen jetzt diese lächerliche Sonde den ganzen Weltrekord gefährden? Jörg Schurig arbeitet fieberhaft von der Leiter aus an der Sonde, die Bordbatterien liefern den Strom für Lok und Messwagen. Und sie werden immer schwächer! Bald kann man die 1216 nicht mehr aufrüsten. Der Rekordversuch steht auf des Messers Schneide! Dann, als nur noch wenige Sekunden Reserve bleiben, hat Schurig die Sonde repariert! Mit allerletzter Kraft aus der Batterie macht die Mannschaft die Lok startklar. Gott sei Dank! Der erste Re-

Oben: Die Fahrt zum ersten Weltrekord! Wie ein Düsenjäger auf Flughöhe Null kommt der Messzug angedonnert. Ein bleibendes Erlebnis für Tausende, die das an der Strecke miterleben durften. (SIE)

Mitte: 337 km/h, der französische Rekord von 1955, ist zum Zeitpunkt der Aufnahme auf dem Führerstand der 1216.050 bereits eingestellt. Hoch konzentriert der erste Lokführer Alex Dworaczek. Ihm assistiert sein Vater, Werner Dworaczek, als der notwendige zweite Lokführer der Weltrekordfahrten. (SIE)

Unten: Im Messwagen kommen während der beiden Weltrekordfahrten tausende von Messwerten an, werden verarbeitet und direkt ausgewertet. (SIE)

kordversuch kann endlich beginnen. Auch das Wetter spielt mit; der Himmel ist bedeckt, aber es regnet nicht.

2. September 2006, Streckenabschnitt Kinding – Allersberg, kurz nach 15 Uhr:
Messwagen und Lok sind fertig, als Zug 90909 geht es auf die Strecke. Bis Kilometer 67 rollt die Garnitur langsam an. Anschließend beschleunigt Alex Dworaczek mit 100 Prozent Traktionsleistung. Das Gespann zieht an, in 86 Sekunden hat der Zug 250 km/h erreicht. Mit diesem Tempo rast er durch den Bahnhof Kinding, vorbei an Massen von Zuschauern. Viele von ihnen scharen sich inzwischen um die aufgestellten Lautsprecher, aus denen das Geschehen im Führerstand übertragen wird. Vom Bahnhof Kinding, Kilometer 58,9, muss Dworaczek bis zum Euerwang-Tunnel auf Kilometer 49,2 die 250 km/h halten; an der Ausfahrt des Tunnels darf er auf 285 km/h gehen, die bis Kilometer 45,2 gelten. Danach darf der Taurus ungehemmt sprinten; elf Kilometer bleiben, um den Rekordwert zu erreichen.

Doch das Halten des Tempos ist eine anspruchsvolle Sache. Dworaczek muss die Traktionskraft ganz präzise abrufen; nimmt er den Fahrschalter nur um we-

Oben: Mit einer Geschwindigkeit von rund 250 km/h jagt der Taurus an den Festgästen im Bahnhof Kinding vorbei. (IGE)

Mitte: Hochkonzentriert wird während der beiden Versuchsfahrten auch im Messwagen von DB Systemtechnik gearbeitet. Hier werden alle für die Fahrten relevanten Grenzwerte permanent überwacht. (SIE)

Unten: Die Neubaustrecke Ingolstadt – Nürnberg bei Hilpoltstein. Das Gespann aus 1216.050 und Messwagen jagt an der schier endlosen Menschenkette entlang. An diese Stelle wurden die Journalisten mit Bussen gebracht, weil hier der errechnete Punkt der höchsten Geschwindigkeit sein würde. Auch der Autor dieses Buches befand sich im Menschenpulk an der Leitplanke. (SIE)

DIE REKORDFAHRT DER 1216.050

Links: Zwei Weltrekordler in Feierstimmung: Die beiden Initiatoren Jörg Schurig (links) und Alex Dworaczek auf der Bühne des Festzeltes in Kinding. (SIE)

Rechte Seite: „Land unter" in Kinding: Nach den beiden erfolgreichen Weltrekordfahrten ist der Messzug wieder zurück bei der Festgemeinde. Der Jubel kennt keine Grenzen, jeder möchte die neue Weltrekordlok aus nächster Nähe sehen. (SIE)

nige Millimeter zurück, hat der Zug gleich 10 bis 20 km/h verloren. Das Fahrgeräusch ist so laut, dass man im Führerstand kaum etwas versteht. Bei Kilometer 45,2 passieren sie die Schallschutzwand L8, den letzten kritischen Anbau in dem Abschnitt. Dworaczek steigert die Geschwindigkeit über die 285 km/h hinaus – Angriff auf den Weltrekord!

2. September 2006, Streckenabschnitt Kinding – Allersberg, 15:13 Uhr:

Für die Zuschauer geht alles ganz plötzlich und wahnsinnig schnell. Wie ein Tornado-Jet donnern die 1216.050 und der Messwagen vorbei. Das Gespann zieht seine Bahn – und dann, mit einem Mal, ist es geschafft!!! Bei Kilometer 37,2 übertrifft der Zug die 331 km/h, bis Kilometer 34,3 kommt er auf 344 km/h. Alex Dworaczek ballt die Faust. Der Weltrekord gehört ihnen! Das ist der Moment, für den sie alle fast ein Jahr lang hart gearbeitet haben! Jeder ist überglücklich. Aber bloß nicht nachlassen jetzt. Dworaczek muss den Zug noch einwandfrei abbremsen. 8.400 Meter Bremsweg hat man für die Geschwindigkeit von 330 km/h errechnet, die Bremsscheiben erhitzen sich bis auf 300 Grad, da ist höchste Vorsicht geboten. Auch dies gelingt. Der Zug rollt unbehelligt in Allersberg aus, Dworaczek meldet an den Fahrdienstleiter: „Zug 90909 komplett angekommen." Die Männer aus dem Taurus steigen aus; das Personal aus dem Messwagen und vom hinterstellten ICE-T jubelt ihnen zu. Ein DB-Mitarbeiter meint scherzhaft: „350 müsst's aber schon noch fahr'n, gell?"

2. September 2006, 15:25 Uhr, entlang der Strecke:

Beifall brandet auf, als das Publikum vom neuen Weltrekord erfährt. Bald darauf rollen Steuerwagen und Taurus vorbei, zurück Richtung Ingolstadt.

2. September 2006, 15:57 Uhr, Kinding:

Nochmal Konzentration für die zweite Weltrekordfahrt. Als Zug 90919, bezeichnet mit dem Namen „Rätischer Limes", setzt sich das Gespann schon am Einfahrsignal des Bahnhofs Kinding in Bewegung. Abfolge wie zuvor schon: 250 km/h – 285 km/h – nach der Schallschutzwand weiter erhöhen. Die Lok vibriert, es ist unheimlich laut im Führerstand. Klar, sie fahren eine Geschwindigkeit, bei der Düsenflugzeuge längst abgehoben haben. Aber technisch ist alles okay; alle Werte liegen weit unterhalb der Gefahrenzone. Und die Sonne kommt auch heraus. Regen? Kein Thema mehr. Zeit für Weltrekorde!

2. September 2006, 16:03 Uhr, bei Hilpoltstein:

Keiner sagt ein Wort im Führerraum: Taurus und Messwagen donnern dahin, die Digitalanzeige im Führerraum nähert sich unaufhaltsam der 350-km/h-Marke – und liegt plötzlich darüber! Um Punkt 16:03 Uhr, bei Kilometer 36,6, schaffen sie den neuen Bestwert! Zunächst sind sie gar nicht sicher, wie viel sie erreicht haben. 354 oder 357 km/h? Dann erhalten sie die Bestätigung: 357 km/h. Sensationell! Binnen einer Stunde hat das Team zwei Weltrekorde erzielt. Alex Dworaczek, Jörg Schurig und die anderen haben die 1216.050 zur schnellsten Lok der Welt gemacht!

DIE REKORDFAHRT DER 1216.050

Die alte und die neue Weltrekordinhaberin friedlich vereint in Kinding. Für das Bekleben der zweiten Seitenwand des Taurus mit den Ziffern „357" hat die Zeit nicht ausgereicht. Das wurde später nachgeholt.

In Allersberg angekommen, ist ihr Freudentaumel noch größer als bei der vorigen Fahrt. Sie lachen, jubeln, fallen sich in die Arme. Ein Moment für die Eisenbahn-Geschichte! Alle Anspannung, alle Anstrengung sind vergessen. Eine Anzahl von Ziffern liegt bereit, aus denen die 3, 5 und 7 für die 1216.50 ausgewählt werden. Damit beklebt, machen sich die Lok und der Messwagen auf den Weg nach Kinding. Die Leute warten schon.

2. September 2006, 16:50 Uhr, Kinding:
Die Busse mit den Pressevertretern sind zum Bahnhof zurückgekehrt. Beide Bahnsteige sind rappelvoll mit Menschen, die bei sonnigem Wetter das Team von Lok und Messwagen erwarten. Und dann kommen die neuen Weltrekordler: Messwagen voran, laut hupend, die Besatzungen aus Fenstern und Türen winkend. Die Begeisterung der Massen kennt keine Grenzen. Musik spielt, Bier und Champagner fließen. Alex Dworaczek und Jörg Schurig eilen von Interview zu Interview. Sie haben Werbung gemacht für den Verkehrsträger Eisenbahn, noch dazu mit niedrigem finanziellen Aufwand. Die Fahrten kosteten 280.000 Euro, andere geben dafür Millionen aus. Und weder die Lok noch die Strecke haben irgendeinen Schaden genommen. Welch ein Tag! Keiner der Teilnehmer und Zuschauer wird das je vergessen.

Alex Dworaczek ist seit dem 2. September 2006 der schnellste Lokführer der Welt. Wer wird wohl wann antreten, um ihm diesen Titel streitig zu machen? Und mit welcher Lokomotive wird derjenige dann wohl die neue Rekordfahrt angehen?

DIE REKORDFAHRT DER 1216.050

„Die Letzten in der Kette"

Inbetriebsetzer beim Lokomotivbau

München-Allach, Siemens-Werk: Der Erstling vom Typ QR 3800 ist fertig montiert. Bald schon soll die sechsachsige Ellok in Australien schwere Kohlezüge schleppen. Vorher aber ist Dr. Olaf Niermeyer gefragt. Der 52-Jährige leitet die Abteilung Inbetriebsetzung (IBS) bei Siemens Industry Mobility Rolling Stock Locomotives. „Da steht ein lebloses, technisches Gerät, und wir schalten es das erste Mal ein. Das ist wie der Jungfernflug eines Flugzeugs."

Beim „Einschalten" der Lok gehen Niermeyer und seine Mannschaft ein weitläufiges Programm durch. Es reicht von der Prüfung der Systemfunktionen bis zur Probefahrt. Eine knifflige Aufgabe, nicht nur in technischer Hinsicht. „Beim Lokomotivbau sind wir die Letzten in der Kette. Wir müssen sicherstellen, dass die Loks halten, was der Vertrieb und alle anderen versprochen haben. Der IBS-Leiter bescheinigt, dass die Lok in Ordnung ist, das heißt, die Vertragsanforderungen erfüllt sind und die Lok sicherheitstechnisch fehlerfrei ist. Es geht hier um sehr hohe Summen und persönliche Verantwortung."

Wenn die Erst-Inbetriebnahme heiße Phasen durchläuft, sieht Olaf Niermeyer sein Büro in Erlangen und das Werk in München nur selten. Dafür Flughäfen und Bahnanlagen der Welt. Letzte Woche Schweiz, diese Woche Deutschland, nächste Woche Australien – so liest sich dann sein Terminkalender. Wo Siemens Lokomotiven anliefert, müssen die Beschäftigten der IBS-Abteilung präsent sein. Für Niermeyer kein Anlass zum Klagen: „Ich arbeite in der Inbetriebsetzung seit 20 Jahren. Entweder man fängt jung an, hat Spaß daran und macht das bis zur Pensionierung. Oder man lässt es gleich bleiben. Für mich ist die Eisenbahn zum Lebensinhalt geworden."

Weltweiter Ansprechpartner

Bei der Inbetriebsetzung und den Zulassungsprüfungen der Vorausfahrzeuge ist der Leiter stark eingebunden. Bei den nachfolgenden Serienfahrzeugen arbeiten deutsche IBS-Mitarbeiter und die einheimischen Kollegen vor Ort zusammen. Das kann, je nach Anzahl und Lieferzeitraum der Lokomotiven, mehrere Jahre Auslandsaufenthalt bedeuten. Olaf Niermeyer bleibt derweil der Ansprechpartner – für seine Mitarbeiter, die Vertriebskollegen und den Kunden. Bei Problemen reist er persönlich an, egal, wie weit. Nur so kann er sich über die Randbedingungen informieren und diese bei der Lösungssuche einbeziehen.

Der Beruf hat seine Höhen und Tiefen, und das vielleicht extremer als andere Tätigkeiten. Feste Arbeitszeiten gibt es nur zeitweilig. Die Zulassungsfahrten erfolgen, wenn es der Auftraggeber in seinem Fahrplan einrichten kann. Das ist oft abends oder nachts. Zeitlich planen lässt sich das Ganze sowieso kaum. „Eine Probefahrt kann um 8 Uhr morgens beginnen, aber man weiß nicht, wann man zurückkommt. Geregelte Essenszeiten gibt es dann nicht. Man isst sich satt, wenn dazu Gelegenheit ist", berichtet Niermeyer. „IBS-Magen" nennen sie das Phänomen in seiner Abteilung.

Andererseits bietet die Arbeit faszinierende Freiheiten. Eine davon: „Wir dürfen als Erste die neuen Loks fahren. Nicht auf großen Strecken, aber auf abgesperrten Strecken. Das macht einen Riesenspaß, denn ohne einen Zug beschleunigt eine moderne 80-Tonnen-Ellok wie ein Porsche!" In manchen Fällen genießt die IBS-Abteilung sogar eine Vorzugsbehandlung. In China wünschte sich Olaf Niermeyer mal 40 Doppelloks (mit 80 Mann Bahnpersonal), um eine Störung zu suchen. Ab Mitternacht des Folgetages standen die Maschinen in einem Depot auf der Fläche eines Fußballfeldes bereit. „Das Spannende war, als ich die Elloks dorthin bestellte, wusste ich noch gar nicht, ob unsere angedachte Problemlösung unsere Erwartungen erfüllt oder ob es vielleicht neue Überraschungen gibt. Das ist immer ein aufregender Moment. Aber bei solchen Einsätzen können wir, die Ingenieure und Engineering-Kollegen, zeigen, was wir technisch so draufhaben."

Diese Herausforderung schätzen alle. Schaffen sie es nicht, sind sie niedergeschlagen – doch am Ende finden sie eine Lösung. „Wenn sich die abzeichnet, gibt das einem einen richtigen Kick. Dann glaubt man auch: Wer kann das Problem lösen, wenn nicht wir?" Womöglich deshalb sind die Inbetriebsetzer bei Kollegen nicht unumstritten. „Manche halten uns für besserwisserisch, arrogant, verrückt. Andere wiederum nehmen uns ernst, wissen sie doch, dass wir für sie die Dinge aus dem Feuer reißen."

Wie bei der Sache mit den Doppelloks in China. Dort hatte die Bahnverwaltung reklamiert, dass sich im Depot neue Umrichterloks eigenständig abgeschaltet hatten. Die Ursache: Die Vielzahl der leistungsstarken, mit Eingangstromrichter ausgerüsteten Loks vertrug sich nicht mit der schwachen Netzeinspeisung. Die Lösung: Lok für Lok wurde vom Siemens-Team auf konventionellen Betrieb im Stillstand umgestellt. Um 3 Uhr morgens, nach drei Stunden Arbeit, war das Problem behoben, fuhren die Lokführer mit ihren Maschinen wieder zum Regeldienst. „Solche einmaligen Situationen", sagt Olaf Niermeyer, „sind das Salz in der Suppe. Und wenn man so etwas geschafft hat, sind aller Stress, aller Ärger, alle Strapazen vergessen. Das Gefühl des Erfolgs ist am Ende das Einzige, was bleibt."

Erweckt die Lokomotiven zum Leben: Dr. Olaf Niermeyer, Leiter der Inbetriebsetzung bei Siemens

LOKOMOTIVBAU

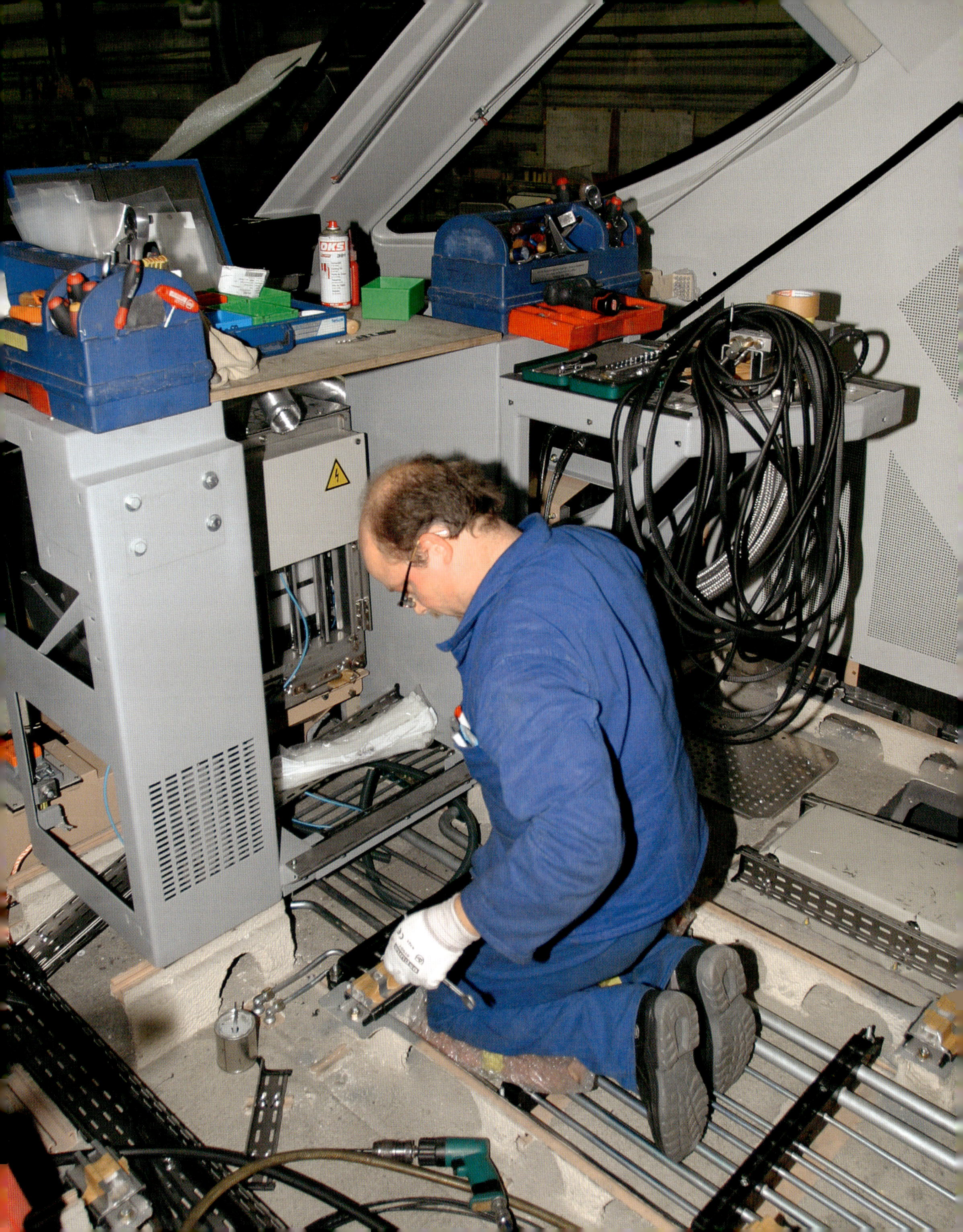
OKS

Links: TALGO 250 Bei der Bombardier Transportation GmbH in Kassel ist im November 2007 ein Mitarbeiter mit Montagearbeiten im späteren Führerstand eines Talgo 250-Triebkopfes beschäftigt. Im Werk Kassel werden die aus Spanien angelieferten Fahrzeugkästen komplett ausgestattet, montiert, mit den Drehgestellen verbunden und in Betrieb gesetzt (siehe auch Seite 87).

Oben: CORADIA LIREX Ein Blick in die Stahlbau-Halle der Alstom Transport Deutschland, Werk Salzgitter. Im März 2008 sind hier Mittelwagen des neuen Regionalverkehrs-Triebzugs der Baureihe 440 aus der Lirex-Fahrzeugplattform in Arbeit. Die DB Regio Bayern hat im September 2006 bei Alstom 37 vierteilige Regionalzüge vom Typ Coradia Lirex bestellt.

Unten: ES 64 F4 Einer der ersten Schritte beim Bau einer Lokomotive ist das Schweißen des Rahmens. Im Münchner Lokomotivenwerk der Siemens Industry-Division Mobility entsteht im Februar 2008 der Rahmen für einen Eurosprinter ES 64 F 4, der bei der DB AG als Baureihe 189 im Einsatz ist.

HELLWEG-FLIRT Die Produktion von 25 vierteiligen FLIRT (Flinker leichter innovativer Regionaltriebzug) für das Hellweg-Netz in Nordrhein-Westfalen beanspruchte im ersten Halbjahr 2008 einen Großteil der Produktionskapazitäten bei der Stadler Pankow GmbH in Berlin. Als diese Aufnahme im März 2008 entstand, waren die Arbeiten an den Zügen schon sehr weit fortgeschritten. Die Angel Trains Europa GmbH hat die elektrischen Triebwagen bei Stadler Pankow für den Betrieb auf den Strecken des Hellweg-Netzes (Betreiber

Eurobahn – Rhenus Keolis GmbH & Co. KG) bestellt. Die neuen Züge werden ab Fahrplanwechsel im Dezember 2008 auf den Strecken Dortmund – Münster, Dortmund – Soest, Hamm – Bielefeld und Münster – Paderborn – Warburg zum Einsatz kommen. Die Stadler Pankow GmbH, eine hundertprozentige Tochter der Stadler Rail AG in der Schweiz. In Berlin-Pankow werden neben den FLIRT der Dieseltriebwagen Regio-Shuttle sowie die Straßenbahnen Variobahn und Tango gebaut.

Oben: V 100 OST Die ALS - ALSTOM Lokomotiven Service GmbH in Stendal, ein Gemeinschaftsunternehmen der Firmen Alstom und DB AG, hat sich auf die Instandsetzung und Modernisierung von Diesellokomotiven spezialisiert. Eine Reichsbahn-Diesellok vom Typ V 100 im Redesign kostet nur etwa die Hälfte einer Neubaumaschine. In der Inbetriebsetzungshalle stehen im Juni 2007 die 203 652 für die SBB Cargo und die 202 316 der DB Netz Instandhaltung. Die 203 652 des Lok-Mietpools der ALS wird gerade für den Kunden SBB Cargo beklebt.

Unten: VELARO CN Es sieht aus wie das Kopfteil eines ICE 3, ist aber nur über das Siemens-Plattformkonzept Velaro mit dem deutschen ICE verwandt. Das Kunststoff-Bauteil gehört zu einem der im Hintergrund stehenden Hochgeschwindigkeitszüge Velaro CN, die im Januar 2008 im Werk Krefeld-Uerdingen der Siemens Industry-Division Mobility im Bau sind. Das chinesische Eisenbahnministerium MOR hatte im November 2005 60 achtteilige Hochgeschwindigkeitszüge bei der Siemens AG und ihrem chinesischen Partner CNR Tangsham Locomotive & Rolling Stock Works bestellt, von denen allerdings nur die ersten drei Züge in Krefeld-Uerdingen gebaut werden.

Oben: ES 64 F4 FRONTEND In der Stahlbau-Halle des Münchner Lokomotivenwerkes der Siemens Industry-Division Mobility sprühen im Februar 2008 nicht nur an diesem Arbeitsplatz die Funken. Ein Mitarbeiter verschleift Unebenheiten am Fensterrahmen des Frontends eines Eurosprinters. Dieses Frontend wird später mit dem Rahmen, den der Kollege auf Seite 81 schweißt, einem weiteren Frontend und den für die ES 64 F4 typischen gesickten Seitenwänden den Lokkasten bilden. Stahlbau ist – wie es der Name schon suggeriert – schwere körperliche Arbeit. Es gilt, große Lasten zu wuchten, stundenlang unter Schweißermasken und schwerer Arbeitsschutzkleidung zu arbeiten und oft auch mit dem Hammer grobe mechanische Arbeiten zu verrichten. Die Stahlbauer merken nach der Schicht ganz deutlich an ihren Muskeln, was sie den Tag über geleistet haben.

Unten: TRAXX F 140 AC 2 Bei Bombardier Transportation in Kassel gibt es keinen Stahlbau wie im Siemens-Werk München oder wie bei Alstom in Salzgitter. Typisch für die dortige Fahrzeugproduktion ist außerdem die Kooperation der zahlreichen Bombardier-Standorte: Die Rohbau-Lokkästen werden vom Bombardier-Werk Wrocław (Polen) angeliefert, die Drehgestelle liefert das Werk Siegen und die Antriebs- und Steuerungssysteme das Werk Mannheim. In Kassel wird alles in einer riesigen Halle in bis zu sechs Taktstraßen montiert. Im November 2007 ist hier neben vielen anderen Lokomotiven auch die Traxx F 140 AC 2, 241 003, für die schwedische Hector Rail im Bau. Das schwedische EVU hat bei Bombardier acht Zweisystem-Elloks Traxx F 140 AC 2 für den Verkehr Schweden – Dänemark – Deutschland bestellt, die bis 2009 ausgeliefert werden. Bei der Hector Rail erhalten die Loks die Baureihenbezeichnung 241.

TRAXX F 140 AC 2 DB AG

Bombardier Transportation GmbH, Standort Kassel, November 2007: Die Montagearbeiten unter der Ellok Traxx F 140 AC 2 DK/S für die DB AG sind abgeschlossen. Der Handlackierer kontrolliert die Schraubverbindungen unter der 185 322 und versiegelt unlackierte Stellen mit Farbe oder Tectyl gegen Korrosion. Wir befinden uns auf dem Foto direkt unter dem Führerstand der Lok und blicken von unten auf den Boden des Lokkastens, dort, wo später das Drehgestell sitzt. Die 185 322 und ihre Schwesterlok 321 sind die ersten beiden 185er der DB AG mit Ausrüstung für den Verkehr nach Schweden und Dänemark.

Oben: **G 1000 BB, G 1206, G 2000 BB**
Ein Blick in die Lokomotiv-Montagehalle der Vossloh Locomotives GmbH in Kiel-Friedrichsort, wo im September 2007 mehrere dieselhydraulische Lokomotiven in Arbeit sind. Ganz hinten links steht eine G 1206, davor mit grauem Geländer und blauem Motor eine G 1000 BB. Vorn werden zwei Drehgestelle einer G 1206 für das Aufsetzen des Lokomotivrahmens vorbereitet. Im Hintergrund montieren die Schlosser das Umlaufgeländer an eine G 2000 BB, hinter der noch eine G 1000 BB in Arbeit ist. In dieser Montagehalle wurden übrigens früher – als alles noch zur Maschinenbau Kiel AG (MaK) gehörte – Panzer gebaut.

Unten: **ENTENSCHNÄBEL** Im IBS-Bereich der Bombardier Transportation GmbH, Standort Kassel, stehen im November 2007 zwei der charakteristischen Talgo-„Entenschnäbel". Links der 350 km/h schnelle Talgo 350, rechts der in Kassel gefertigte Talgo 250. Die spanische RENFE hatte 2004 44 Triebköpfe Talgo 250 bei einem von Patentes Talgo S.A. und Bombardier Transportation gebildeten Konsortium bestellt. Es handelt sich um vierachsige Elektrotriebköpfe, welche mit dem Talgo RD-System zur automatischen Umspurung ausgerüstet sind (1.435/1.668 mm Spurweite). Sie können unter 25 kV/50 Hz mit 250 km/h sowie unter 3 kV Gleichstrom mit 220 km/h verkehren.

QUEENSLAND-LOK In der Halle 18 des Münchner Lokomotivenwerkes der Siemens Industry-Division Mobility ist im Februar 2008 die Endmontage der leuchtend gelben elektrischen Güterzuglokomotiven der Baureihe 3800 für die Queensland Rail (QR) in vollem Gange. Das australische Bahnunternehmen hat im April 2006 bei der Siemens AG 20 neue elektrische Bo'Bo'Bo'-Güterzuglokomotiven in 1.067-mm-Kapspur mit der Baureihenbezeichnung 3800 bestellt. Die „Queensland-Lok" wurde von Siemens in München entwickelt und gebaut. Die Auslieferung begann im Laufe des Jahres 2008. Die 132 Tonnen schweren Loks mit einer Traktionsleistung von 4.000 kW werden nach ihrer Verschiffung in Australien vor schweren Kohlezügen eingesetzt.

Herr Kiflezghi, was tun Sie da?

Teweldemedin Kiflezghi (im Vordergrund)

Einen Moment noch, bitte ... so, jetzt habe ich etwas Zeit. Man muss sich nämlich ganz schön konzentrieren bei dieser Arbeit. Was Sie hier sehen, ist der Mittelkanal eines spanischen Talgo-Hochgeschwindigkeitstriebzugs; in ihm werden die Anschlussleitungen für die Fahrmotoren und die Steuerleitungen für die Fahrmotorlüfter verlegt. Dafür zeichnen wir zuerst den Verlauf der Fahrmotorleitung am Kanal an, ganz normal mit Lineal und Stift. Anhand dieser Linien können wir die Kabel exakt ablängen und für die Montage der Fahrmotorstecker vorbereiten.

Hierbei ist absolut einwandfreies Arbeiten gefragt, denn die Leitungen führen sehr hohe Ströme, und bei den Querschnitten ist kein Ziehen oder Schieben der Kabel mehr möglich. Jede Kabellänge muss also schon von vornherein genau passen, da lässt sich nichts nachbessern. Die Leitungen legen wir immer in derselben Reihenfolge in den Kanal ein; sie werden auch in gleicher Kombination mit Kabelbindern zusammengebunden und fixiert.

Der fertig ausgestattete Mittelkanal wird von einer benachbarten Abteilung elektrisch geprüft und durch unsere Qualitätskontrolle abgenommen. Mit zwei Brückenkränen hieven dann die Kollegen von der Endmontage das Bauteil in den zugehörigen Talgo-Triebkopf. Zum Schutz der Leitungen montieren wir noch auf dem Kanal Laufbleche; auf diesen können später der Triebfahrzeugführer – oder anderes Personal – durch den Maschinenraum gehen.

Ich komme aus Eritrea, bin seit 31 Jahren in Deutschland und gelernter Elektriker. Als solcher arbeite ich seit Anfang 2007 bei Bombardier in Kassel. Präzisionsarbeiten wie die Montage der Leitungen sind mein Spezialgebiet. Was man dafür braucht? Ich denke, technisches Verständnis, ein gutes Auge und eine ruhige Hand.

LOKOMOTIVBAU

Ludmilla und der ICE
Lokführer der modernen Traktion

Jan Welkerling ist sich sicher: Die will er irgendwann einmal fahren! Der gebürtige Chemnitzer und heutige Wahl-Nürnberger sagt es nicht nur, er schwört es sogar. Zu diesem Zeitpunkt – in den frühen 80er-Jahren – ist er zwölf Jahre alt. Ein Junge, Sohn eines Heizers im Bw Chemnitz-Hilbersdorf und vom Geschehen auf der Schiene durch und durch ergriffen. Immer, wenn er den Vater im Betriebswerk besucht, sieht er die großen Dieselloks aus sowjetischer Produktion: „Ich bin quasi mit den Kraftprotzen der Baureihe 132 groß geworden." Sie geben ihm sein Berufsziel – Lokführer, das heißt, Diesellokführer.

Damit beginnt eine Leidenschaft, die der „Dieselverrückte" (Jan Welkerling über Jan Welkerling) sein Leben lang behält. Er bewirbt sich als Eisenbahner bei der Reichsbahn und macht eine Lehre im Ausbesserungswerk Chemnitz. Dort hat Jan Welkerling zwar mit Dieselloks zu tun, allerdings nicht mit der „Ludmilla", wie die 132 (heute 232) wegen ihrer Herkunft bei Eisenbahnfreunden heißt. Anschließend fängt er als Lokführer in Frankfurt am Main an – wieder kein Ort, an dem man die großen Dieselsechsachser verwendet. Stattdessen fährt er Elektroloks, lernt 110er und 140er der Bundesbahn kennen. In den folgenden Jahren erwirbt Jan Welkerling zahlreiche weitere Berechtigungen für die Vertreter der Stromabnehmer-Fraktion.

Gleichwohl hält der Lokführer an seinem Wunsch aus Chemnitzer Kindertagen fest. Und findet eine Lösung bei der Dampflokschule Güstrow. „Das war 1993 und ziemlich ungewöhnlich. Jeder wollte sich auf Dampfloks ausbilden lassen, ich dagegen hatte Interesse an der Diesellok." Als ausgebildeter Triebfahrzeugführer darf Welkerling dort an einem Lehrgang für die 232 teilnehmen. „Dafür opferte ich sechs Tage Urlaub und hatte am 27. September 1993 Prüfungsfahrt mit Lok 232 517. Die Kosten beliefen sich auf 800 Mark, die ich aus eigener Tasche bezahlte. Ich hab' das gern gemacht. Und ich bin wahrscheinlich der einzige Diesellokführer der DB, der seine Ausbildung privat finanziert hat."

Nach Nürnberg zur Diesellok

Was fehlt, ist ein Einsatzgebiet, um die neuen Kenntnisse auch anzuwenden. 1999 lässt sich Jan Welkerling dann nach Nürnberg versetzen. Dort hat die Güterverkehrssparte der Deutschen Bahn einen Standort – mit den ersehnten Maschinen. „Nun war ich der 232 ganz nah. Ich hatte aber das Problem, dass ich viele Berechtigungen für Elloks besaß und keine Dieselstreckenkunde. Mit ersten Vorbereitungsdiensten arbeitete ich mich Schritt für Schritt hoch. Heute kann ich dieselmäßig auf verschiedenen Strecken fahren und habe pro Woche mindestens eine Dieselschicht, manchmal auch mehr. Das ist für mich wie bezahlter Urlaub." Selbst in der Freizeit hat die Ludmilla neben der Familie ihren Stellenwert. Die Diasammlung zur 232 könnte manchen eingefleischten Eisenbahnfan neidisch machen. Fast alle der mehr als 700 Maschinen hat Jan Welkerling fotografiert, nur einige vor 1989 ausgemusterte Loks fehlen.

Allgemein schätzt der Cargo-Lokführer die Vielfalt seiner Arbeit. Er kommt quer durch Deutschland und darf unterschiedliche Fahrzeuge fahren. Doch die Vorlieben sind geblieben: „Für mich lebt eine Diesellok, man hört, spürt und riecht sie. Auf dem Dieselnetz geht es außerdem viel ruhiger zu. Da wird man nicht so vom Fernverkehr gehetzt wie bei vielen Elektrostrecken."

Einer von denen, die Jan Welkerling und seine Güterzüge hetzen könnten, ist Martin Oliver Schütz. Als Streckenlokführer bei DB Fernverkehr in München fährt er ICE, IC, EC, Nachtzüge, Autozüge, Sonderzüge. Kurz, moderne Reisezüge aller Couleur; alles, was den Güterverkehr auf Nebengleise zwingt. Auch für den 36-jährigen ist es die Er-

Fährt am liebsten mit Ludmilla: Güterverkehrs-Lokführer Jan Welkerling

füllung eines Kindheitstraums – das heißt, im Großen und Ganzen.

Seine Geschichte beginnt in den späten 70er-Jahren mit einer Rangierdiesellok der Baureihe 260 der Bundesbahn. „Mein Großvater hatte einen Schrebergarten in Köln-Ehrenfeld, bei einem Rangierbahnhof, wo diese Maschinen fuhren. Als ich vier Jahre alt war, holte mich mal ein Lokführer, den mein Großvater kannte, auf den Führerstand. Ich durfte sogar die Pfeife betätigen. Von da an wollte ich auch Lokführer werden." Die heimische Modellbahn und Zugfahrten nähren die Begeisterung für die Bahn weiter. Bald schon hat der Kölner Junge seine Favoritin gefunden: „Am liebsten wollte ich die 103 fahren. Das war für mich die Heldin der Jugend, das Sinnbild für den modernen Schnellverkehr."

Keine 103, aber dafür ICE

Ende der 80er-Jahre beginnt Martin Schütz im Betriebswerk Köln 3 eine Ausbildung zum Industriemechaniker. Dem schließt sich die Ausbildung zum Lokführer in München an. Über Nahverkehrs- und Rangierfahrzeuge kommt der Lokführer im Jahr 2000 zum Fernverkehr – nur nicht zur 103. „Für die war ich einfach zu spät dran. Ihre Zeit lief schon ab." Dafür erfüllen andere Fahrzeuge die Vorstellungen des Lokführers von seinem Beruf. Der ICE 3, dessen große Kraft und rasantes Tempo man besonders auf Neubaustrecken wie Stuttgart – Mannheim und Ingolstadt – Nürnberg merkt. Oder der ICE-T, der beim bogenschnellen Fahren Richtung Nürnberg – Saalfeld – Leipzig viel Konzentration fordert. „Was mir", so Schütz, „am Fernverkehr mit moderner Traktion gefällt: Man fährt schnell, man fährt eine große Masse und man sitzt an einem sauberen Arbeitsplatz."

Die Bezeichnung „Streckenlokführer" gilt dabei wörtlich. Martin Schütz steuert die Züge nur noch von Bahnhof zu Bahnhof. Überführungen vom und zum Werk erledigen junge Kollegen vom Bereitstellungsdienst. „Das hat den Vorteil, dass sie Erfahrungen mit den Fahrzeugen sammeln und diese bereits kennen, wenn es erstmals auf größere Tour geht. Außerdem kann die DB so die Streckenlokführer optimal einsetzen."

Für Martin Schütz ist der Dienstbeginn jedes Mal etwas Besonderes. Schon bei den Vorbereitungen: Er legt Wert auf DB-Kleidung mit Krawatte. Aber nicht einfach nur Krawatte; die Krawattennadel muss schon das Fahrzeug zeigen, mit dem er an diesem Tag fährt. Ob 101 oder ICE 3, alle hat der Lokführer in der privaten Kollektion zusammengetragen. Die Nachteile seines Berufs, wie den Schichtdienst oder das Zurücklegen großer Entfernungen, sieht Schütz zwar, doch wiegen sie für ihn nicht allzu schwer. Er setzt andere Prämissen: „Sehen Sie, in meinen Zug steigen x Leute ein, um mitzufahren, und ich bin derjenige, der vorne einsteigt und die Leute fährt. Die Reisenden vertrauen mir. Wenn ich es schaffe, sie sicher und pünktlich ans Ziel zu bringen, habe ich meine Arbeit gut gemacht."

Für Frischlinge und alte Hasen

Dass die Lokführer dies leisten, ist nicht zuletzt das Werk von Reinhard Schmidbauer. Der 57-jährige gehört seit 34 Jahren zur Bahn und kennt den Lokführerberuf von der Pike auf. Schmidbauer fährt selbst Züge, das gleiche Repertoire wie Martin Schütz. Vor allem aber arbeitet er als Triebfahrzeugführer-Ausbilder (Fachkürzel: Tf-A) bei DB Fernverkehr in München. Zu seinen Schülern gehören nicht nur „Frischlinge", die Schritt für Schritt den Umgang mit der Lokomotive lernen. Im Rahmen von Fortbildungsmaßnahmen, beispielsweise Praxistrainings, leitet Schmidbauer ebenso erfahrene Lokführer an.

Am Anfang von Schmidbauers Eisenbahnkarriere steht ein Quereinstieg. Nach einem Sportunfall kann der gelernte Werkzeugmacher im Dezember 1974 seinen Beruf nicht fortführen. Als Alternative bietet sich die Eisenbahn an. Die technischen Kenntnisse bringt er mit, die Schienenwelt begeistert ihn seit seiner Kindheit. Damals, bei den Ausflügen von Straubing nach München, mussten die Eltern in der großen Bahnhofshalle der Isarstadt immer ein paar Minuten extra einplanen. So aus-

Fährt sehr gerne den ICE: Fernverkehrs-Lokführer Martin Oliver Schütz

Fährt Loks und lehrt andere, wie man Loks fährt: Lokführer und Ausbilder Reinhard Schmidbauer

giebig betrachtete der kleine Junge die Lokomotiven.

Im Dezember 1974 leiten Diesellokomotiven, namentlich der Baureihen 260, 211/212 und 218, die Lokführerlaufbahn Schmidbauers ein. Zahlreiche weitere Loktypen folgen. 34 Jahre später machen Elektrofahrzeuge das Gros der Berechtigungen aus; neben ICE und DB-Flloks finden sich auch die österreichischen Taurus-Elloks, welche regelmäßig mit Fernzügen nach München kommen. Alles in allem darf Reinhard Schmidbauer 25 Baureihen fahren.

Für Ausbildungsfahrten, betont er, sind sämtliche Loks geeignet. Mit kleinen Unterschieden: Die alten Damen der Elektrotraktion wie 110, 111 oder 140 brauchen exakteres, behutsameres Bedienen und den sorgsamen Blick auf die Anzeigeninstrumente. Die jungen Gören wie die 101 oder die 1016/1116 haben weiter entwickelte Überwachungseinrichtungen und regeln zum Teil selbst mittels eingestellter Grenzbereiche. Dementsprechend kommen auf die Auszubildenden – drei bis vier pro Gruppe – verschiedene Aufgaben zu. Bei den älteren Loks gilt es, selbst die Diagnose zu stellen und nach Störliste den eingebauten Fehler zu beheben. Neuere Baureihen dagegen besitzen ein Display und eine Sprachausgabe. Sie geben die Störungsursache und deren Behebung eigenständig vor.

Fragt man Reinhard Schmidbauer nach „seinen" Maschinen, stellt sich schnell heraus: Er hat sie allesamt ins Herz geschlossen. Er fährt jede Baureihe gern, und jede darf bei ihm zuhause als H0-Modell ihre Runden drehen. Aber eine Lok ragt schließlich doch hervor. „Die Baureihe 103 ist – oder war – schon etwas Besonderes. Die Form, der Führerstand, der Sound beim Aufschalten oder von der elektrischen Bremse, das ist überwältigend."

Hier spielt sie mit hinein, die Faszination der Eisenbahn, die für Schmidbauer unverändert besteht. „Als Kind", erzählt er, „habe ich jede Lok im Bahnhof bestaunt. Die Umsetzung von Kraft, Technik, Geschwindigkeit, das begeistert mich bis heute." Daneben lässt Schmidbauer nichts gelten, schon gar nicht im Beruf. Gefragt, ob die enge Bindung zur Bahn bei der Arbeit vielleicht auch schaden könne, antwortet er mit einem entschiedenen „Nein". Es ist die kürzeste Antwort auf alle gestellten Fragen.

LOKFÜHRER DER MODERNEN TRAKTION

HOBELBANK „Wo gehobelt wird, da fallen Späne", sagt ein altes Sprichwort. Nicht so bei der Eisenbahn! Hier ist „Hobeln" die umgangssprachliche Bezeichnung für den Rangierdienst. War das Rangiergeschäft zu Dampflokzeiten noch sehr mühsam und bei den Lokpersonalen nicht sonderlich beliebt, hat sich das mit dem Einzug der modernen Traktion durchaus zum Positiven gewandelt. Der Lokführer kann heute seine Rangierlok bei Bedarf per Funkfernsteuerung fahren und dabei exakt die während des Rangierens kritischen Stellen aufsuchen. So lassen sich Wagengruppen behutsamer zusammenstellen, wenn der Rangierlokführer auf Pufferhöhe steht und nicht aus etlichen Metern Entfernung von der Lok aus zirkeln muss, wann er denn nun „drauf" ist. Im April 2008 rangiert die funkferngesteuerte 363 424 in München-Nord eine Reihe von Autotransportwagen, beladen mit teuren Karossen aus Ingolstadt. Der Lokführer mit seinem „Bauchladen" – der Funkfernsteuerung – läuft neben dem zweiten Wagen her und versucht, die teure Fracht möglichst behutsam zu bewegen.

Oben: TESTRING Im Siemens Prüfcenter in Wegberg-Wildenrath (PCW) stehen im Februar 2008 die ES 64 F4-033 und 028 der MRCE Dispolok GmbH auf dem Testring. Der Lokführer telefoniert mit der Leitwarte des PCW und meldet seine Testfahrt auf dem sechs Kilometer langen Testring T1 an. Danach fährt er mit den beiden Mehrsystemlokomotiven einige letzte Proberunden über den Ring, bevor diese in einer feierlichen Zeremonie an den Kunden CTL Logistics S.A. übergeben werden.

Unten: ALPENHEULER Die ÖBB-Mehrzweckloks der Baureihe 1044/1144 gehören seit drei Jahrzehnten zum gewohnten Bild auf deutschen Strecken. Nicht nur in Süddeutschland, sondern bis hoch in den Norden sind die österreichischen Maschinen anzutreffen. Die wegen ihres charakteristischen Lüftergeräuschs von den Eisenbahnfreunden „Alpenheuler" oder „Alpenstaubsauger" genannten Maschinen sind im Güterzugdienst unterwegs und werden innerhalb von Deutschland meist auch von DB-Lokführern gefahren.

Oben: SAMICHLAUS ist die schweizerische Bezeichnung für den Sankt Nikolaus. Und dieser kommt alljährlich am 6. Dezember – wie es sich für das Bahnland Schweiz gehört – stilecht mit einem Zug der Rhätischen Bahn (RhB) zu den Kindern. Damit er nicht zu spät kommt, fährt er die Lokomotive am liebsten selbst. Für Lokführer Karl Kohler hat die Verkleidung als Samichlaus im Jahr 1999 – als die Aufnahme entstand – bereits eine lange Tradition. Und selbst der treue Helfer des Samichlaus, der Schmutzli, ist mit im Zug. Allerdings: Der Mann im Rückspiegel der Lok ist nicht der Schmutzli, das ist unser Fotograf Tibert Keller! (TK)

Unten: GOTTVERTRAUEN Der Mensch lenkt, der Herr denkt – und hält noch dazu seine schützenden Hände über die Menschen. Hinter diesem „Marterl" in Bichl an der Kochelseebahn Tutzing – Kochel liefern sich scheinbar ein Triebwagen der Baureihe 425 und ein „Freude-am-Fahren"-Auto aus bayerischer Fertigung ein Rennen. Aber nur scheinbar! Bei einer Belichtungszeit von 1/15 Sekunde vom Stativ wird jede Bewegung zur Unschärfe. Das ist gewollt, Ruhepunkt dieses Bildes ist das „Marterl" – es soll uns in unserer hektischen Zeit daran erinnern, auch einmal Ruhe, Einhalt und Besinnung zu suchen.

Ein Blick aus der **VOGELPERSPEKTIVE** auf den S-Bahn-Bereich des Bahnhofes Hamburg-Altona: Der rechte Zug, ein Doppelzug der Baureihe 474.3, hat soeben den Tunnelbereich am unteren Bildrand verlassen und fährt als S 11 nach Blankenese. Gut erkennbar sind bei diesen beiden Zweistrom-Zügen die Stromabnehmer auf den Dächern für den Betrieb auf dem Abschnitt Neugraben – Stade. Erstmals in der Geschichte der Hamburger S-Bahn können diese neuen, bei Alstom LHB gebauten Züge sowohl im Gleichstromnetz der S-Bahn (mit Stromschiene) als auch dem Wechselstromnetz der DB (unter Fahrleitung) fahren. Der Zug der Linie S3, auch ein 474er, ist von Pinneberg nach Neugraben unterwegs. Nur noch wenige Meter, dann fährt er in den S-Bahn-Tunnelbahnhof Hamburg-Altona ein. S-Bahn fahren ist nicht jedermanns Sache bei den Triebfahrzeugführern und Führerinnen: Die Arbeit bietet nur einen begrenzten Aktionsradius und immer die gleichen Strecken – aber auch geregeltere Dienste, einen überschaubaren Einsatzbereich und Nähe zum Zuhause. Gerade für Frauen macht das den Beruf einer Triebfahrzeugführerin bei einer der S-Bahnen in Deutschland attraktiver als beispielsweise in der Güterverkehrssparte der DB AG.

SONNENAUFGANG an einem Septembermorgen an der Autobahn 8 bei Burgau. Ein ICE 1 ist zu dieser frühen Morgenstunde von München in Richtung Mannheim unterwegs. Auf der A 8, die er hier überquert, hat der samstägliche Verkehr zu dieser frühen Stunde noch nicht eingesetzt. Die Sonne steigt schnell und lässt mit der zunehmenden Wärme den Morgennebel in den Niederungen verschwinden. Auch Lokführer haben durchaus einen Blick für die Schönheiten der Natur; für den Wechsel der Jahreszeiten, für Farben, frisches Grün, den ersten Schnee, der die Landschaft verzaubert. Was kann es Schöneres geben, als an einem Wintermorgen in weißer Landschaft als erster Zug eine Spur durch die noch unberührte Schneedecke in der Landschaft zu ziehen? Oder, wie hier, an einem wunderschönen Altweibersommermorgen den ICE von München nach Mannheim zu fahren und dabei das Erwachen der Natur mitzuerleben?

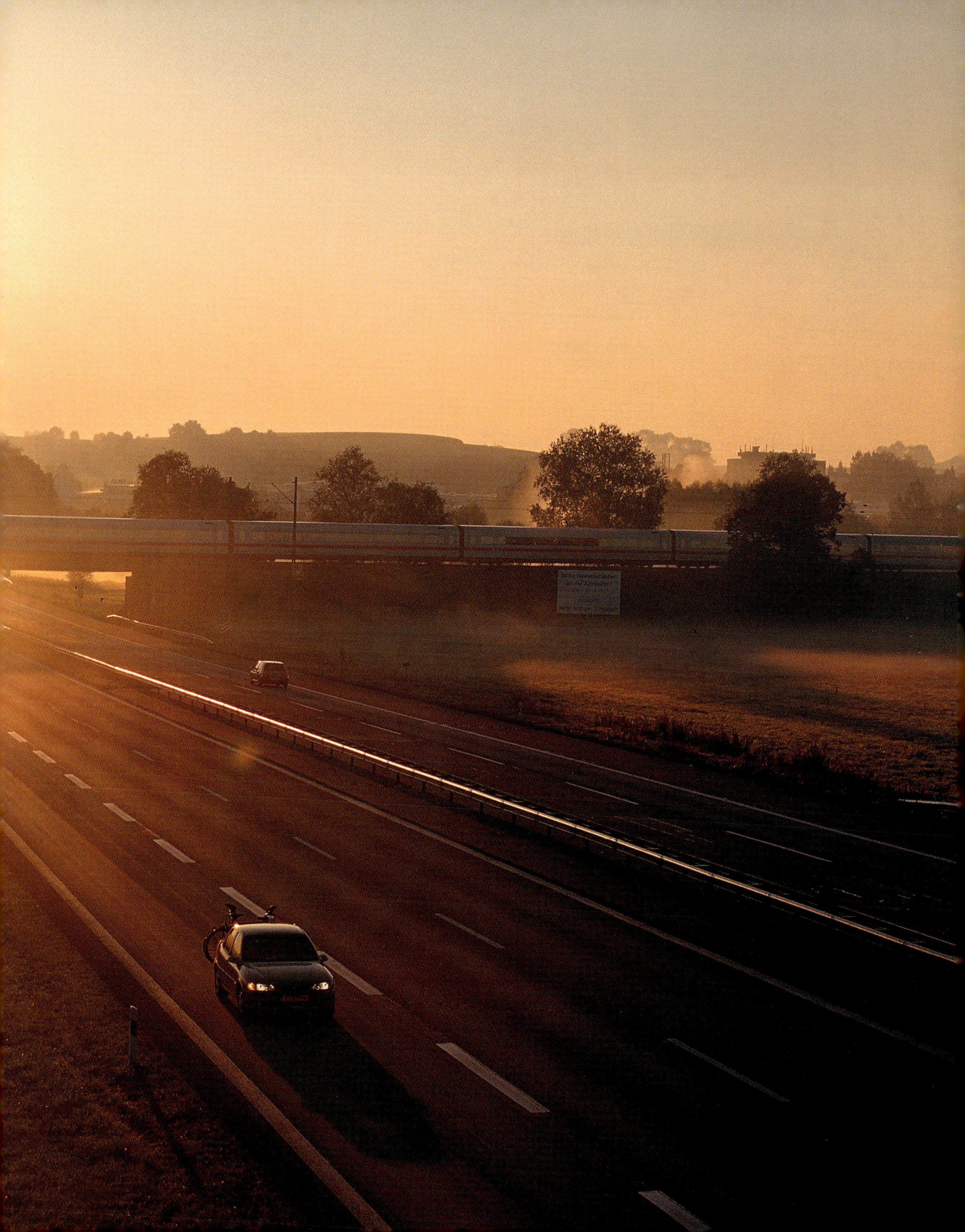

**Oben: „WIR FAHRN, FAHRN, FAHRN MIT DER ..."
... EISENBAHN!** Die Abwandlung einer bekannten Textzeile der Düsseldorfer Band Kraftwerk soll das Motto zu diesem Bild sein. Lokführer Werner Dworaczek fährt im Juli 2007 mit dem ETCS-Mess- und Präsentationszug VT 1.0/1.5-ETCS „Trainguard" (siehe auch Seite 2) von Hersbruck nach Berlin-Lichtenberg. Der Dieseltriebwagen ist zügig über die Fränkische Alb unterwegs, draußen fliegt die Landschaft vorbei – wer möchte da nicht selbst gern hinter dem Führerpult sitzen und die 748 Pferdestärken des Desiro traben lassen ...? Die Autobahn steht als Synonym für schnelles, ungehindertes und kreuzungsfreies Fahren von A nach B. Das wäre auch der Eisenbahn in vielen Fällen zu wünschen – quasi ein Fahren auf dem Überholgleis.

Rechts: SCHÖNER WOHNEN! Als Kontrastprogramm zum modernen, sterilen Führerstand des Desiro möge dieser Arbeitsplatz eines rumänischen Lokführers dienen. Der hat den Führerstand seines Malaxa-Triebwagens 78–0781 im Mai 1996 liebevoll mit Plastikblumen, Heiligenbildchen und Grünpflanzen zu einem fahrenden Wohnzimmer umgestaltet. Die im Titularsystem besetzten Triebwagen aus den 50er-Jahren werden von Stammlokführern gefahren, die wesentlich sorgfältiger mit den Fahrzeugen umgehen, als „wilde" Personale das tun würden. Wie sorgfältig, das zeigt sich auch durch solch persönliche Noten mit Wohlfühl-Charakter. Um beim eingangs genannten Desiro zu bleiben: Siemens TS hat insgesamt 120 zweiteilige Dieseltriebzüge dieses Typs an die Personenverkehrssparte der Rumänischen Staatsbahn, die CFR CĂLĂTORI SA., geliefert. Bezeichnet als Baureihe 96, werden diese vor allem auf den Hauptstrecken rund um Bukarest und zwischen den Städten Arad, Oradea und Cluj eingesetzt – jedoch ohne Blumentöpfe auf dem Führerstand ... (TK)

Oben: BESSER FAHREN! Aus alt mach Neu – nach diesem bewährten Motto lässt die Tschechische Staatsbahn (ČD) von der Firma Pars nova a.s. in Šumperk Triebwagen der Baureihe 810 (auch „Brotbüchse" genannt) in Doppeltriebwagen der Baureihe 814/914 umbauen. Nachdem sich zwei im Jahr 2005 vorgestellte Prototypen im praktischen Einsatz sehr gut bewährt haben, werden bis 2009 130 dieser Regionova-Triebwagen für die ČD gebaut und Urform-„Brotbüchsen" der Baureihe 810 ersetzen. Der Regionova besitzt eine leistungsfähige Antriebsanlage mit modernen Voith-Getrieben und hat bessere Fahreigenschaften als die Spenderfahrzeuge. Die Fahrgäste finden im Gespann aus Trieb- und Steuerwagen insgesamt 84 Sitzplätze, ein Traglastenabteil und eine behindertengerechte Toilette vor. Der Triebfahrzeugführer freut sich über eine bequeme Innenausstattung und einen modernen Arbeitsplatz. Der farbenfrohe Regionova-Triebwagen auf unserem Bild wurde im April 2008 im westböhmischen Domažlice fotografiert. Ganz hinten links kann man einen Triebwagen der Baureihe 810 „im Original" erkennen.

DIE DREI VON DER SPESSARTRAMPE

Im Bahnhof Laufach an der Main-Spessart-Bahn (Frankfurt – Aschaffenburg – Würzburg) hat die DB stets zwei Schiebelokomotiven der Baureihe 151 stationiert. Diese sollen Güterzügen mit über 1.000 Tonnen Last bei der Fahrt über die Spessartrampe von Laufach (175 Meter über NN) zum Scheitelpunkt am Schwartzkopftunnel (275 Meter über NN.) vor Heigenbrücken helfen. Dabei werden auf 5,2 Kilometern Streckenlänge 100 Höhenmeter überwunden; die Neigung schwankt zwischen 15,4 und 21,7 Promille. Ob ein Zug nachgeschoben wird oder nicht, entscheidet der Fahrdienstleiter in Laufach, wenn sich der Lokführer des aus Richtung Aschaffenburg anrollenden Zuges spätestens aus dem vorigen Bahnhof Hösbach per Funk meldet. Dabei fließen die Parameter Zuggewicht, Zuglänge und Baureihe der Lokomotive mit in die Entscheidung ein. Eine Entscheidung jedoch steht vorab schon fest: Die DB schiebt keine Züge privater EVU mit ihren Lokomotiven über den Berg. Ausnahme sind nur jene Unternehmen, die mit der DB AG in einem Geschäftsverhältnis stehen, oder Töchter bzw. Beteiligungen der DB sind. Doch auch den Privaten wird geholfen: Für sie steht die 1020.041 der Mittelweserbahn bereit, die nach Voranmeldung und gegen Bezahlung die Schiebeleistung über die Spessartrampe übernimmt. Im Mai 2008 herrscht reger Güterverkehr auf der Main-Spessart-Bahn, dementsprechend hoch ist auch der Einsatz der Schiebeloks. Und so treffen sich alle drei an diesem Tag im Einsatz befindlichen Schiebeloks, die 151 028, 151 124 und die 1020 041 mit ihren Lokführern im Bahnhof Laufach. Trotz der Konkurrenzsituation ist das Verhältnis der Lokführer von DB und Privatbahn kollegial.

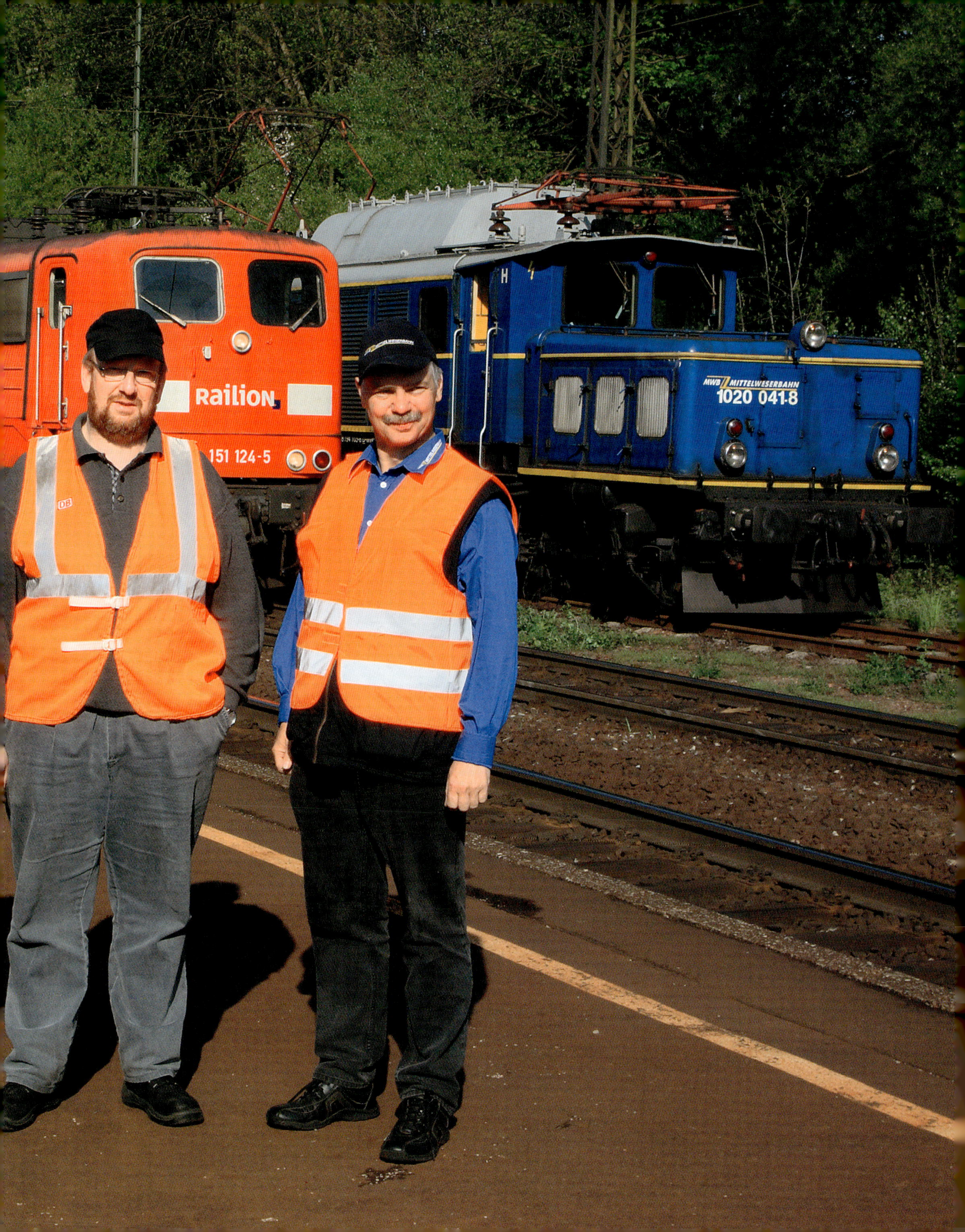
Railion
151 124-5
MWB MITTELWESERBAHN
1020 041-8

DREI ET FÜR THÜRINGEN Was kommt denn da um die Ecke? Es ist der 429 201 der Oberweißbacher Berg- und Schwarzatalbahn GmbH (OBS) – einer von drei kleinen Elektrotriebwagen, die bei der DB AG unter der Baureihenbezeichnung 479.2 zusammengefasst sind. Sie verkehren in Thüringen auf der nur 2,5 Kilometer langen Flachstrecke zwischen Lichtenhain und Cursdorf, die sich an die bekannte Standseilbahn Obstfelderschmiede – Lichtenhain anschließt. Die drei mit 600 Volt Gleichstrom betriebenen Triebwagen sind die einzigen Triebfahrzeuge auf dieser nur über die Standseilbahn erreichbaren Strecke. Im März 2007 fährt der maximal 40 km/h schnelle Triebwagen eine Kindergartengruppe nach Cursdorf – das sonnige Wetter lädt zum Spazierengehen ein. Die Triebfahrzeugführer und die -führerinnen genießen hier oben auf den Höhen des Thüringer Waldes eine wunderschöne Landschaft und relativ ruhige Dienste abseits jeglicher Hauptstreckenhektik, müssen sich allerdings auch mit entsprechend bescheideneren Gehältern zufrieden geben.

Herr Dworaczek, was tun Sie da?

Werner Dworaczek (rechts)

Ich quäle mich gerade mit einer Übergangskupplung rum. Jetzt bin ich schon so viele Jahre Lokführer, aber mit diesen Dingern muss ich mich immer wieder ärgern. Normalerweise haben Eisenbahnfahrzeuge ja Puffer und eine normale Schraubenkupplung. Da schmeißt man die Kupplungslasche des Wagens über den Kupplungshaken der Lokomotive, um die Fahrzeuge zu verbinden. Triebwagen, die im Alltagseinsatz oft und schnell verbunden und wieder getrennt werden sollen, haben dagegen eine automatische Mittelpufferkupplung und dann meist auch keine Puffer mehr. Bei einer solchen Mittelpufferkupplung kann der Lokführer ganz langsam mit einem Zug auf den anderen fahren und die Verbindung steht. Das gibt für die Fahrgäste, die in einem der beiden Zugteile sitzen, am Kuppelbahnhof meist einen leichten spürbaren Ruck, wenn wir zwei Einheiten miteinander vereinen.

Wenn ich nun wie heute einen solchen Triebwagen mit Mittelpufferkupplung mit einer Lokomotive mit Schraubenkupplung schleppen muss, brauche ich eine Übergangskupplung. Sozusagen als Adapterstück. Diese Dinger sind wahnsinnig schwer und außerdem muss ich noch die Luftschläuche provisorisch verbinden. Und weil wir die Übergangskupplungen so selten brauchen, haben die noch überhaupt keine Abnutzung und sperren sich fast gegen ihren Dienst. Jedesmal ist das ein Kampf mit diesen Dingern! Das kostet Kraft und Zeit. So wie heute: Der Schweizer S-Bahn-Triebwagen sollte eigentlich schon längst auf der Strecke sein, im Schlepp unseres EuroSprinters, stattdessen mühen wir uns mit dem Adapter ab. Aber jetzt haben wir es gleich, und ich kann den fabrikneuen S-Bahn-Zug endlich in seine neue Heimat überführen. Wird auch höchste Eisenbahn!

LOKFÜHRER DER MODERNEN TRAKTION

Die Schwarze Stunde

Unfälle und Suizide

Wenn Helmuth Knörzer einen Anruf von der Bahn erhält, weiß er: Es handelt sich um eine ernste Angelegenheit. Der katholische Diakon der Erzdiözese Köln ist Notfallseelsorger, Mitglied des Kriseninterventionsteams und Diözesanreferent für Psychosoziale Notfallversorgung (PSNV) bei den Maltesern. Seine Hilfe braucht man, wenn es um die Schattenseiten des Bahnbetriebs geht. „Bei Schienenunfällen, Suizid und Suizidversuchen können wir zur Betreuung von nicht verletzten, aber betroffenen Personen gerufen werden. Das gilt für Augenzeugen, Angehörige und ebenso für Eisenbahner, zum Beispiel Lokführer."

Grundsätzlich werden Eisenbahner schon in der Ausbildung auf Unglücksfälle vorbereitet. Lokführer lernen, wie sie im konkreten Fall vorgehen müssen, und das, so der 62-jährige Geistliche, nimmt ihnen einen Großteil ihrer Angst und Sorge. Dennoch: Wenn es passiert, haben auch sie Beistand nötig. „Ein Lokführer erlebt den Unfall als Trauma des auf ihn zukommenden, nicht vermeidbaren Ereignisses. Er erlebt das Trauma des Unfalls mit seiner Lok, für die er mit Passagieren und Fracht Verantwortung übernommen hat." Die Folgen können verheerend sein – ein fahrender Zug entwickelt gewaltige Energien, die sich bei Entgleisungen oder Zusammenstößen zerstörerisch gegen andere richten. Der Lokführer steht dem machtlos gegenüber und fühlt sich dennoch in den meisten Fällen mitschuldig. In dieser schlimmen Situation, erklärt Knörzer, geht es darum, „das Geschehene mit dem Lokführer auszuhalten. Wir, die Notfallseelsorger und Kriseninterventionsteams, helfen, den ersten Schock zu überwinden und das Erlebte so aufzufangen, dass sich möglichst kein tiefer Eindruck davon bei ihm einbrennt."

Leichter und schwerer akzeptierbar

Die Unglücksfälle werden unterschiedlich wahrgenommen. Eine Entgleisung oder einen Zusammenstoß empfindet der Lokführer als Ereignisse, die – bei aller Tragik – nicht absichtlich zustande kommen. Solche Unfälle lassen sich fast immer logisch begründen und damit leichter akzeptieren, vor allem, wenn es bei Sachschaden bleibt. Problematischer ist der Umgang mit Personenunfällen. Statistisch gesehen erlebt jeder vierte Lokführer in seinem Berufsleben, wie das von ihm gefahrene Schienenfahrzeug einen Menschen überrollt. Oft sind dies Selbstmörder (Fachbegriff: Suizidenten), und hier kann der Lokführer nichts ausrichten. Er erlebt den Suizidenten, so erläutert Knörzer, „als einen Menschen, der ihn persönlich schädigt".

Wie in dem Beispiel eines Lokführers aus dem Fernverkehr. Der Suizident hatte sich in einem Bogen auf die Gleise gelegt; als der Mann auf der Maschine ihn das erste Mal sah, war es bereits zu spät. „Die Reaktion lief ganz automatisch ab. Ich bremste, aber um rechtzeitig zu stoppen, ist das Gespann aus Lok und Wagen zu schnell und zu schwer. Ich hörte den Aufprall und wartete, bis der Zug stand. Dann setzte ich den Notruf ab und dachte: Jetzt hat es mich auch getroffen."

Den schrecklichen Anblick auf den Gleisen – der Zug hatte den Suizidenten mit vielen Wagenlängen überrollt – wollte der Lokführer nicht auf sich nehmen. Er schickte den Zugführer nach draußen. Außerdem kam Hilfe durch einen Kollegen, der zufällig im Zug saß. Sein Zuspruch lenkte den Betroffenen von dem Vorfall ab. Der Kollege blieb auch während der anlaufenden Ermittlungen bei ihm auf dem Führerstand, sodass der Lokführer die angebotene Ablösung noch nicht beanspruchen musste. Unterstützt von seinem Kollegen, fuhr er den Zug zum nächsten Bahnhof und räumte die Strecke; erst dann ließ er sich durch einen anderen Mitarbeiter ersetzen.

Wie in solchen Extremsituationen üblich wurde der Lokführer vom Dienst freigestellt. Eine Woche brauchte er, um den bedrückenden Moment, in dem der Zug den Suizidenten erfasste, und die damit verbundenen Bilder „wieder aus dem Kopf zu bekommen. Mich beschäftigte weniger, dass ich das hätte verhindern können, sondern vielmehr das Gefühl: Er hat mich als Werkzeug benutzt." Wichtig war dabei der Kontakt zu Freunden und Bekannten. „Es tat gut, darüber zu sprechen. Ich musste das Problem nicht allein lösen, sondern ich konnte das Geschehen zusammen mit anderen verarbeiten."

Drei Wochen lang war der Lokführer krank geschrieben. In der Zeit gelang es ihm, den Schrecken zu überwinden, sodass er in den Dienst zurückkehren konnte. „Diese Spanne", sagt er, „ist durchaus normal. Es gibt Kollegen, die brauchen weniger Zeit, und andere, die fallen für Monate oder für immer aus. Die Ausbildung versucht ja, einen darauf vorzubereiten, aber bei jedem ist die Situation anders, und jeder verkraftet es auch anders."

Bei der ersten Fahrt auf der Lok begleitete ihn der Vorgesetzte als Beimann. Sie sprachen miteinander über verschiedene Dinge, und das hielt den Lokführer von Gedanken an den Suizidenten ab. Gleichzeitig prüfte der Vorgesetzte dadurch, ob sein Mitarbeiter unbehelligt wieder eine Lok fahren konnte. Das war der Fall, und so wurde der Lokführer planmäßig eingeteilt – bald auch für die Strecke, auf der sich der Unglücksfall ereignet hatte. „Anfangs war das schon ein komisches Gefühl, wenn ich die Stelle passierte. Heute kommt dort zwar ab und zu noch die Erinnerung hoch, aber gravierende Bedeutung hat sie nicht." Dabei half, dass er nur wenig von dem Suizidfall wusste. „Ich wollte nichts von den Hintergründen erfahren und habe alles um das Ereignis herum ausgeblendet. Glücklicherweise habe ich auch den Toten nicht richtig gesehen. Schlimmer wäre es gewesen, ich hätte ein Gesicht vor Augen gehabt."

Erste Hilfe für den Lokführer

Solche und ähnliche Bilder sind es auch, die Helmuth Knörzer am Unglücksort mit den Betreuten verarbeiten will. Er sieht sich als Erste Hilfe und Seelsorger, etwa für die Lokführer. In einem zweiten Schritt führen speziell geschulte Psychologen die Arbeit fort. Am Unfallort geht es zunächst darum, die Betroffenen vom Geschehen räumlich zu trennen. „Das heißt, sie von den Blicken, Geräuschen und Gerüchen wegzubringen", nicht zuletzt, weil dort nach dem Unglück ein reglementiertes Räderwerk greift. Die Bundespolizei sichert die Unfallstelle und beginnt mit den Ermittlungen; der DB-Notfallmanager koordiniert den Einsatz und die Aufräumarbeiten, die Feuerwehr beginnt mit der Bergung. Das könnte dazu anspornen, sich in das Geschehene hineinzusteigern – erst recht, wenn der Unfall große Zerstörungen verursacht hat oder Menschen zu Schaden gekommen sind. Bei einem Suizid zum Beispiel kann man es gar nicht vermeiden, die Folgen zu sehen: Der überrollte Körper wird vom Zug regelrecht zerrissen. „Wenn die wüssten, wie sie hinterher aussehen", hat ein Lokführer einmal über Suizidenten gesagt, „dann würden sie das nicht machen."

Von all dem versucht Helmuth Knörzer seine „Klienten" fernzuhalten. Ist ein vergleichsweise ruhiges Umfeld geschaffen, sucht der Diakon das Gespräch. „Das ist niemals ein Verhör. Schließlich steht die betreute Person unter Schock. Sie darf das Geschehen nach eigenem Empfinden dem Seelsorger erzählen." Lokführer tragen sich seiner Erfahrung nach mit verschiedenen Sorgen: der Verzweiflung, das Unglück nicht verhindert zu haben, und der Frage, ob sie je wieder eine Lok fahren können. Manchmal zweifeln sie sogar, ob sie je wieder „normal" leben können. Knörzers Beistand besteht vor allem aus einem: zuhören. „Erfolg haben wir immer dann, wenn der Betreute sich in dieser für ihn extremen Situation an- und aufgenommen fühlt. An Grenzen stoßen wir, wenn er sich dem Gespräch verschließt."

Ganz gleich, welche Wirkung seine Arbeit zeigt, für den Geistlichen steht der Betreute im Mittelpunkt. Den Lokführern gilt in derartigen Grenzsituationen sein Mitgefühl – und das ohne jede Einschränkung. „Ich bewundere alle, die ein solch schreckliches Ereignis so überstehen, dass sie keinen bleibenden psychischen Schaden behalten. Ich habe aber auch sehr viel Verständnis dafür, wenn ein Lokführer nach einem solchen Ereignis darum bittet, einen anderen bahninternen Dienst machen zu dürfen."

WENN NATURGEWALTEN TOBEN Großes Glück hatten der Lokführer und die Fahrgäste dieses Zuges der Rhätischen Bahn (RhB), der am 5. Januar 2007 durch einen Felssturz verunglückte. An der Strecke Chur – Ilanz hatten sich zwischen den Stationen Versam und Valendas gegen 22 Uhr etwa 1.000 Kubikmeter Fels von einer 70 Meter hohen Felspartie gelöst und waren auf die Gleise vor einer Steinschlaggalerie gestürzt. 40 Minuten später fuhr der von der Ge 4/4 II 632 „Zizers" gezogene Zug 1270 in diesen Felssturz. Als der Lokführer die Gesteins- und Erdmassen vor sich im Scheinwerferlicht auftauchen sah, konnte auch eine Schnellbremsung den Zusammenstoß nicht mehr verhindern. Dadurch entgleiste die 47 Tonnen schwere Lok, durchbrach vier Stützpfeiler der Galerie, bis deren Decke einstürzte und Lok sowie Gepäckwagen unter sich begrub. Wenn man die Bilder der eingestürzten Galeriedecke auf dem Zug und die demolierte Lok nach der Bergung sieht, mag man kaum glauben, dass wie durch ein Wunder weder die 50 Reisenden im Zug noch der Lokführer verletzt wurden. (TK)

Herr Knörzer, was tun Sie da?

Helmuth Knörzer

In unserer modernen und technikdominierten Welt tut es mitunter gut, sich auf das Wesentliche zu besinnen: auf den Menschen, dem diese Technik dienen soll. Und darauf, wie der Mensch mit den ihm anvertrauten Maschinen umgeht, damit durch sie kein Schaden entsteht. Deshalb ist es gar nicht so selten, dass im Bereich der Eisenbahn neue Fahrzeuge, Bahnhöfe oder andere technische Einrichtungen bei Inbetriebnahme gesegnet werden.

„Allmächtiger und gütiger Gott, auf unserem Lebensweg bedrohen uns viele Gefahren." So beginnt ein Segensgebet, das ich zu solch einem besonderen Anlass spreche. Indem ich die Lokomotiven segne, erbitte ich für die Menschen, die mit ihnen in Verbindung stehen, Gottes Beistand.

In dem Gebet an Gott heißt es dann weiterhin: „Höre auf die Fürsprache des Schutzpatrons der Reisenden, den Heiligen Christophorus. Gib, dass wir und die Führer aller Fahrzeuge Christus in uns und sich tragen und schicke uns und ihnen den Erzengel Rafael als ständigen Weggefährten, damit wir alle sicher zu dem Ziel gelangen, für das wir geschaffen sind.

Segne diese Lokomotiven und beschütze alle vor Unglück und Schaden, die sie benützen. Gib, dass die Lokführer, ihre Begleiter und alle, die für die Sicherheit des Schienenverkehrs zuständig sind, allzeit verantwortungsbewusst bleiben. Mach' sie rücksichtsvoll und hilfsbereit. Lass sie und uns in allem, was wir tun, Deine Zeugen sein. Das gewähre uns durch Christus, unseren Herrn. Amen."

Nach dem Segensgebet und den Fürbitten besprenge ich die Lokomotive, wie hier zu sehen, mit Weihwasser. In diesem Fall war es eine moderne Ellok für die polnische Privatbahn CTL, die zwischen Deutschland und Polen verkehrt. Für die CTL habe ich übrigens schon einige Lokomotiven gesegnet.

„Das ist nur Kommerz!"

Privatbahner

Wer Hans-Peter Kempf nach dem Geschäft fragt, bekommt ein Wort immer wieder zu hören: „knallhart". Romantik im Eisenbahnbetrieb? Mit sowas räumt der 54-Jährige restlos auf. Dafür gibt es im kommerziellen Schienenverkehr keinen Platz.

Kempf kennt das Gewerbe aus der täglichen Arbeit. Er ist einer von drei Geschäftsführern der Mittelweserbahn (MWB). Deren Visitenkarte: 135 Mitarbeiter, 50 Lokomotiven, Güterverkehr in Deutschland und Österreich. Eine der großen Privatbahnen der Bundesrepublik. Der Markt, in dem sie agiert, gilt als Haifischbecken. Die Konkurrenz ist groß, der Kostendruck gewaltig. Nur schwarze Zahlen zählen.

Der Mann, der sich hier zurechtfindet, kommt nicht etwa aus kühlen Controllerriegen oder nüchternen Managerkreisen. Hans-Peter Kempf ist gestandener Techniker. Ein „Maschinese", wie er selbst sagt, mit einem innigen Verhältnis zur Eisenbahn. „Ich wollte schon mit drei Jahren Lokführer werden und bin es in meiner ersten Lebensphase auch geworden." So geschehen bei der Bundesbahn in den 70er-Jahren. Vom Schlosser arbeitete er sich zum Mann am Regler hoch, übernahm in Köln und Betzdorf Dampflokomotiven der Baureihen 44 und 50. Auch bei der Bundeswehr verschrieb er sich dieser Passion: „Die Marine suchte Leute für Dampfschiffe, da habe ich mein Wissen um Dampftechnik eingebracht."

Wieder auf dem Festland, stieg er zum Leiter eines Kraftwerks auf. Die Liebe zur Eisenbahn lebte in der Freizeit fort; in den 80er-Jahren schloss er sich dem Deutschen Eisenbahn-Verein Bruchhausen-Vilsen (DEV) an und wurde Werkstattleiter. Als Fahrzeugsachverständiger ist er bei der Museumsbahn nach wie vor aktiv, „aber nicht mehr so stark wie früher. Ab und zu fahre ich noch einen Sonderzug." Der Grund dafür hat einen Namen: Mittelweserbahn.

Einstieg in eine neue Welt

Sie entstand 1998, als der DEV auftragsweise Kesselwagen in Bremen rangieren sollte. Private Geschäftstätigkeiten sind einer gemeinnützigen Museumsbahn aber nicht erlaubt. Es brauchte ein Unternehmen, ergo gründete man aus dem Museum heraus die Mittelweserbahn; für Hans-Peter Kempf die Rückkehr in den Bahnalltag – und der Einstieg in eine neue Welt. „Das war die Umstellung vom idealistischen Museumszug zum knallhart kalkulierten Privatbahnbetrieb. MWB, das ist nur Kommerz. Leidenschaft und Fan-Dasein werden dabei ganz und gar ausgeblendet!"

Was so drastisch klingt, hat seinen tieferen Sinn. Hans-Peter Kempf weiß, was der raue Wind der Branche anrichten kann: „Andere haben die Einnahmen verwendet, um das Dach ihres Lokschuppens zu decken, statt ihre Loks neu motorisieren zu lassen. Die bekamen dann Probleme." Daher lautet das Prinzip bei der Mittelweserbahn: „Jeder Zug, jede Lok muss sich rechnen."

Das trifft auch auf die betagte Elektrolok 1020.041 zu, die zwischen Laufach und Heigenbrücken Privatbahn-Güterzüge nachschiebt. Eisenbahnfreunde bejubelten anno 2004 den Einsatzbeginn des urigen Sechsachsers im Spessart. Die Bundesbahn hatte dort in den 80er-Jahren E 94er aufgeboten, nun kehrte mit der ehemals österreichischen Maschine eine Verwandte zurück. Die MWB-Geschäftsetage handelte dagegen unsentimental: Eine Drehstromlokomotive kam zu teuer, die Altbau-Ellok eignete sich – unter bestimmten Umständen und strengen Regeln. „Die E 94 ist verschleiß- und wartungsintensiv", erklärt Hans-Peter Kempf. „Aber der Schubdienst hält den Verschleiß in Grenzen, die Wartung wird vom Personal übernommen. Die E 94 lebt allein von den Lokführern." Mit einer Vorgabe: „Solange die Lok Gewinn bringt, bleibt sie. Wenn nicht, kommt sie weg."

Bei solch klaren Worten scheint jede Verbindung zur Museumsbahn ausgeschlossen, doch das Gegenteil ist der Fall. Die MWB hat ihren Standort in Bruchhausen-Vilsen, dem Sitz des DEV, in ihren Reihen finden sich viele Museumsbahner. „20 bis 25 Prozent von diversen Vereinen", schätzt Hans-Peter Kempf, „sind bei uns dabei, denn die haben einen Vorteil: Sie bringen schon das Grundwissen für die Eisenbahn mit." Die Belegschaft stammt aus ganz Deutschland, ebenfalls ein Plus. „Wir sind eine stark lokführerorientierte Bahn", so Kempf, „jeder kann etwas. In der Summe fahren wir alles, von der Dampflok bis zum ICE und auf jeder Strecke."

Darüber hinaus besteht noch eine Verbindung: „Wenn wir Gewinn machen, geben wir etwas an die Museumsbahn ab", erläutert der MWB-Obere, und er sagt es so selbstverständ-

„Maschinese", Museumsbahner und heute einer der Geschäftsführer der Mittelweserbahn: Hans-Peter Kempf

lich wie alles andere zuvor. Finanziert wird zum Beispiel eine Kindergruppe in Bruchhausen-Vilsen. Ein wenig investiert man da auch in eigener Sache, denn auf diese Weise wachsen neue Eisenbahner heran. „Zukunft", lautet ein weiteres Credo von Hans-Peter Kempf, „kommt schließlich von Herkunft."

PRIVATBAHNER

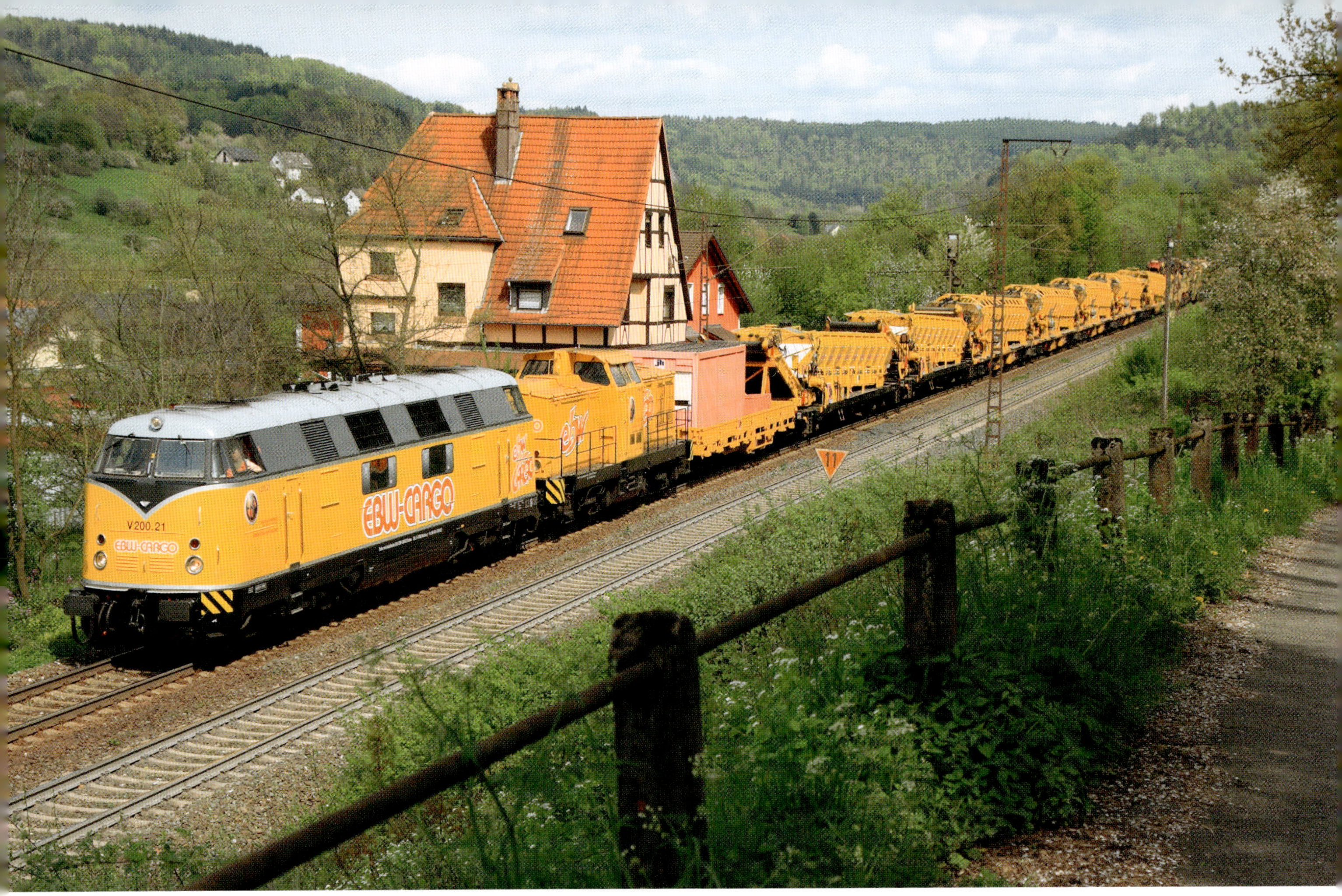
V 200.21
EBW-CARGO

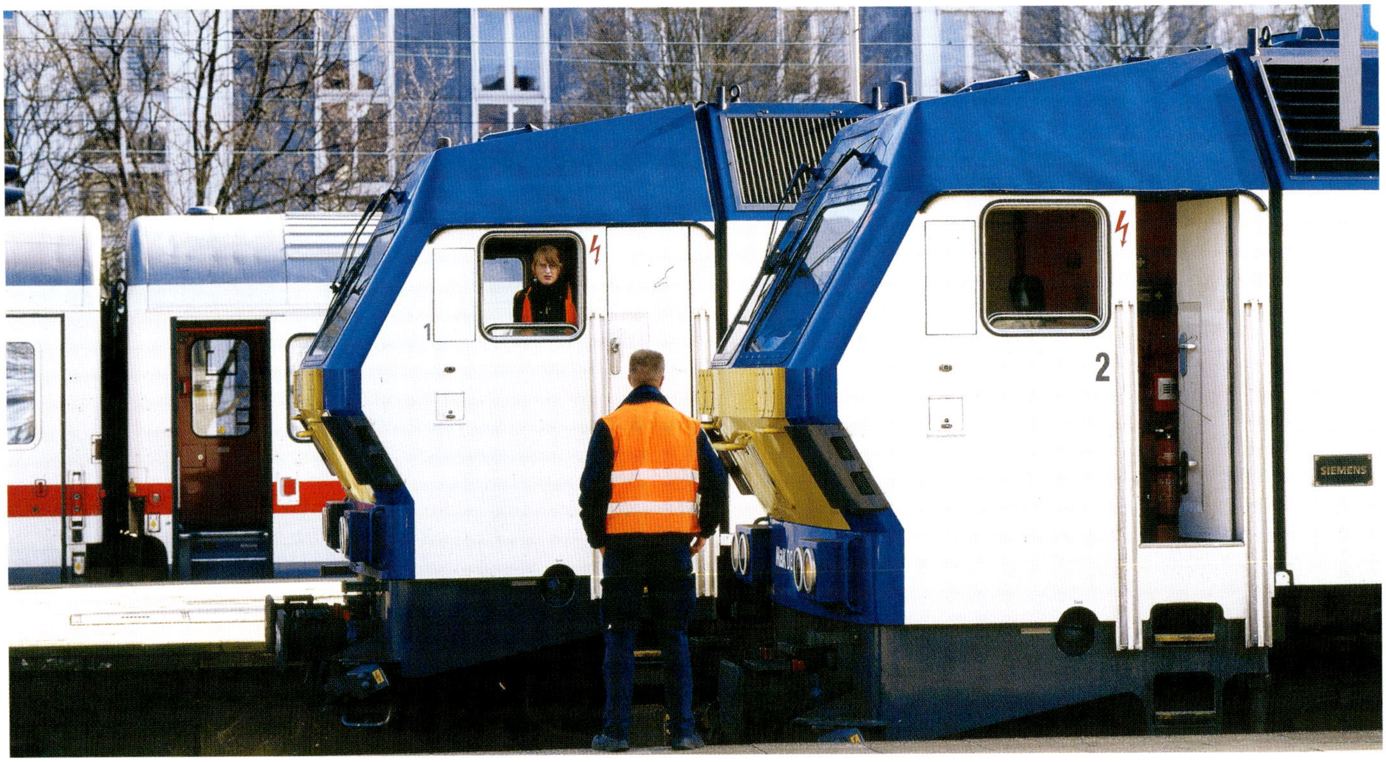
1
2
SIEMENS

Links oben: AUSRÜCKEN Die leuchtendgelben V 200.21 und V 100.17 der EBW-Cargo sind im Mai 2008 mit einer Materialförder- und Siloeinheit zur Schotterbearbeitung im Gleisbau von der EBW-Cargo-Niederlassung in Würzburg über die Main-Spessart-Bahn in Richtung Aschaffenburg unterwegs. Der Zug mit den beiden ehemaligen DR-Lokomotiven rollt die Spessartrampe von Heigenbrücken aus talwärts und erreicht in wenigen Minuten den Bahnhof Laufach. Allzu lange werden die Lokführer dieses Streckenstück wohl nicht mehr befahren: Ab etwa dem Jahr 2014 soll die Spessartrampe durch eine 240 Millionen Euro teure, flachere Neubaustrecke ersetzt werden, die mehrere eingleisige Tunnel erhält. Der Baubeginn ist für 2009 vorgesehen; die alte Strecke – auf der sich unser Zug hier befindet – soll nach Inbetriebnahme der Neubaustrecke ganz aufgegeben werden.

Links unten: PLAUDERN Einem kleinen Schwätzchen mit einem netten Kollegen (oder in diesem Fall einer Kollegin) sind die wenigsten Lokführer abgeneigt. Gerade in ihrem doch oft recht einsamen und verantwortungsvollen Job – allein vorn auf der Lok oder dem Triebwagen – sind zwischenmenschliche Kontakte sehr wichtig. Auf dem Foto nutzen zwei Kollegen der Nord-Ostseebahn GmbH (NOB) im März 2007 das Treffen ihrer Züge im Bahnhof Hamburg-Altona für einen Klön. Die NOB fährt seit Dezember 2005 von Hamburg-Altona aus mit den bulligen sechsachsigen MAK DE-2700-Dieselloks und modernen Bombardier-Wendezuggarnituren Personenzüge auf der Marschbahn nach Westerland auf Sylt.

Unten: AUFTANKEN Ja, auch Lokführer müssen mit ihren Dieseltriebfahrzeugen an die Tankstelle! Der einzige Vorteil beim dienstlichen Tankstopp ist, dass die Rechnung nicht vom Tankenden, sondern vom Arbeitgeber – hier der Erfurter Bahn GmbH (EB) – bezahlt wird. Bei den hohen Dieselpreisen und einem Tankinhalt des RegioShuttle RS-1 von immerhin zwei mal 500 Litern wäre das eine stolze Rechnung für den Lokführer Carsten Trübner, der hier den VT 001 „Stadt Erfurt" im Betriebshof Erfurt Ost betankt. Derartige Tankstopps müssen in der Fahrplangestaltung bzw. den Triebfahrzeugumläufen eingeplant werden. Es ist tatsächlich schon vorgekommen, dass ein Dieseltriebwagen mit Fahrgästen wegen Treibstoffmangels liegen blieb – der Triebfahrzeugführer hatte wegen Verspätungen und Hektik das Tanken vergessen. Selbst mit einem 10-Liter-Reservekanister wäre da nicht viel auszurichten gewesen. (RBH)

EIN DIENST MIT FRAU HUNDERT Lokführer Bodo Jaster schwitzt bereits Anfang Mai 2005 auf dem warmen Führerstand der V 100 1365 der BayernBahn GmbH in der Frühlingssonne – wie soll das erst im Sommer werden? Am Zughaken hat die schwer arbeitende Diesellok den ECCO Cargo „Nördlinger Ries". Dieser transportiert Holz-Hackschnitzel von der Firma Rettenmeier in Wilburgstetten – an der Strecke Dombühl – Nördlingen – zur Zellstoff Stendal GmbH bei Arneburg in Sachsen-Anhalt. In Nördlingen hat die ehemalige DB-V 100, die von Eisenbahnfans liebevoll-anerkennend „Frau Hundert" genannt wird, ihren Dienst getan. Den Weitertransport über die Hauptstrecken bis nach Sachsen-Anhalt übernimmt ein Taurus der Mittelweserbahn.

TRAXX Seit Dezember 2003 gehören die blau-gelb-weißen Züge der metronom Eisenbahngesellschaft GmbH zum vertrauten Bild im norddeutschen Schienenverkehr. Das EVU mit Sitz in Uelzen verfügt über zehn 160 km/h schnelle Traxx P 160 AC1-Lokomotiven (ähnlich der DB-Baureihe 146) und moderne, klimatisierte Doppelstockzüge; damit befährt es die Strecken Bremen – Hamburg – Uelzen, Uelzen – Hannover – Göttingen, Hamburg – Stade – Cuxhaven, Hamburg – Lüneburg und Hamburg – Tostedt. Im Mai 2008 hat die ME 146-07 den metronom von Hamburg Hbf pünktlich nach Bremen Hbf gebracht. Im Gegensatz zum Kollegen auf dem Foto links genießt der Lokführer auf „seiner" Ellok einen modernen und klimatisierten Führerstand. Bei Eisenbahnfreunden (und sicher nicht nur bei diesen) stehen die metronom-Zugbegleitpersonale wegen der Attraktivität der hier arbeitenden Damen und der Freundlichkeit im Umgang mit den Fahrgästen in den immer sehr gut frequentierten Zügen auf der Beliebtheitsskala ganz oben.

BLUESTARTRAIN Zum 50-jährigen Jubiläum des VT 601 ging der ehemalige IC "Max Liebermann" im Oktober 2007 erstmals vom Bahnpark Augsburg aus auf Tour und machte bis November im Bahnhof Fürstenfeldbruck Station, um nostalgisches Speisen im Blue-Star-Train-Restaurant anzubieten. Als nächste Station folgte der Bahnhof München-Moosach, wo der Zug erstmals als "Schubeck's BlueStarTrain" über den Jahreswechsel 2007/2008 die Gäste mit Spezialitäten des Sternekochs Alfons Schuhbeck verwöhnte. Ende März wurde der Zug von seinem Winterstandort München-Moosach nach Holzkirchen im bayerischen Oberland überführt, wo er am dortigen Bahnhof an Wochenenden wiederum als stationäres Restaurant zur Verfügung steht. Die Einnahmen aus all diesen kulinarischen Aktionen kommen einer späteren betriebsfähigen Aufarbeitung des Zuges zugute. Das Foto von der Überführung entstand auf der Großhesseloher Brücke über das Isartal im Süden von München. Zuglok ist eine G 1206 der MRCE Dispolok, welche von der Private Car Train GmbH (PCT) angemietet ist und sonst Übergabeleistungen und Rangierdienste für die ARS Altmann AG in Wolnzach übernimmt. Der Güterwagen zwischen der G 1206 und dem VT 601 fungiert als Kuppelwagen zwischen der Rangierkupplung der Diesellok und der Scharfenbergkupplung des Triebwagens. Auf eine fest angebaute Rangierkupplung lässt sich die für das Schleppen des Triebwagens benötigte Scharfenberg-Notkupplung nämlich nicht montieren.

Oben: **BESUCH BEIM LOKFÜHRER** Im Thüringer Wald, in Hüttengrund an der Strecke Sonneberg – Lauscha – Neuhaus am Rennweg, befindet sich ein großer Steinbruchbetrieb. Dorthin brachte die V 170 1142 der Eichholz Rail im Sommer 2006 über mehrere Wochen hinweg Leerzüge, um sie einige Stunden später mit Schotter beladen wieder abzuholen und nach Bamberg zu fahren. Die Kinder aus dem Ort nutzten die Zeit, in der die urige NoHAB-Lok Pause hatte (den Verschub unter die Verladebunker erledigte die Werks-V 15), um den freundlichen Lokführer auf seinem Führerstand zu besuchen. Ob einer der späteren Berufswünsche dieser Kinder wohl Lokführer sein wird? (RBH)

Rechts: Wie in einer **SAUNA AUF RÄDERN** fühlte sich Lokführer Michael Lüdecke im heißen Juni 2005 auf seiner Lok 202 der Mitteldeutschen Eisenbahn GmbH (MEG) in Thüringen. Draußen hatte es schon 34 Grad Celsius, in der Lok auf dem Führerstand waren es sogar über 50 Grad! Sein Arbeitstag bestand aus zwei Touren Saalfeld – Lobenstein – Ebersdorf-Friesau mit den bei Eisenbahnfotografen so beliebten Holzzügen. Ob diese allerdings von den Problemen des Lokführers wussten? Wegen der Hitze schaltete sich bei der Lok 202 ständig wechselweise eine der Antriebsanlagen ab und sorgte so für reichlich Verspätung. Die zweite Lok, die 203, war an diesem Tag ganz ausgefallen, sodass am Zugschluss eine 290er der DB aushelfen musste. Das in Lobenstein geplante Mittagessen fiel den Verspätungen zum Opfer – zum Glück laufen die Dienste nicht immer so! (RBH)

Gewicht der Lok: 88.8 t
K-GPR-mZ
Bremsgewicht:

G 85 t
P 92 t
R 112 t

AUSFLUG IN DEN ODENWALD Viele private EVU, die heute in Deutschland Personenverkehr durchführen, setzen moderne Triebwagen ein: LINT, Desiro, Lirex, ITINO, RegioSprinter, Talent, Regio-Shuttle, GTW, LVT/S, FLIRT oder Integral – nur Fachleute und Eisenbahnfreunde können diese Vielfalt an Fahrzeugen noch auseinanderhalten. Im Mai 2008 brummt ein ITINO der VIAS von Darmstadt in den Odenwald. Im Dezember 2005 haben die Verkehrsgesellschaft Frankfurt am Main mbH (VGF) und die Rurtalbahn GmbH (RTB) den Betrieb auf der Odenwaldbahn übernommen und dafür die VIAS GmbH gegründet. Diese fährt mit 22 Dieseltriebwagen des Typs ITINO auf den Strecken zwischen Frankfurt (Main) Hbf, Hanau, Darmstadt Hbf, Wiebelsbach-Heubach, Erbach und Eberbach. Soeben erreicht der VT 103.2 den Bahnhof Darmstadt Ost, der früher einmal den schmucken Namen Darmstadt Rosenhöhe trug. Und auch wenn der Bahnhof heute verwaist ist und sich die Bahnanlagen ziemlich modernisiert zeigen, erwacht ab und zu noch die Nostalgie – in Form des Eisenbahnmuseums Darmstadt-Kranichstein, das von hier aus Sonderfahrten auf der Stichstrecke zum Bessunger Forsthaus veranstaltet.

Herr Woitaske, was tun Sie da?

Heiko Woitaske

Auch wenn es auf den ersten Blick nicht so aussieht: Ich sitze im Maschinenraum einer E 94, genauer gesagt, der Mittelweserbahn-Lok 1020.041. Meine heutige Aufgabe heißt „Reinigung des Nockenschaltwerks und der massiven (Kupfer)kontakte". Jedem Kontakt(paar) ist eine Anzapfung der Wicklung des Haupttransformators zugeordnet. Wenn der Lokführer im Führerstand das Handrad dreht, stellt er mittels Ketten und Wellen die entsprechenden Kontakte mechanisch her und dreht eine entsprechende Fahrstufe mit festgelegter „elektrischer Übersetzung" ein. Vereinfacht gesagt fließt damit Strom zum Motor, wodurch die Lokomotive fährt. So weit, so gut – solange das Kupfer sauber bleibt.

Denn die Kontakte verschleißen besonders beim Öffnen bestehender Fahrstufen, da hier energiereiche Lichtbögen entstehen können. Diese können kleine Kupferkügelchen aus dem Material schmelzen, welche sich auf den Kontaktflächen absetzen und eine gute Stromübertragung zwischen den Kupferwinkeln behindern. Diese Kügelchen entferne ich mit einer Feile. Damit das abgefeilte, leitende Kupfermaterial nicht durch den Maschinenraum vagabundiert und ungewünschte elektrische Verbindungen herstellt, nehme ich es mit einem Pinsel auf oder sauge es weg. Bei diesem Arbeitsgang reinige ich auch das Schaltwerk von Staub, um weitere elektrische Kontakte (so genannte Kriechströme) zu verhindern. Im Extremfall kann dabei nicht nur das Schaltwerk zerstört werden, sondern es können der Haupttransformator auf der einen oder die Fahrmotoren auf der anderen Seite Schaden nehmen. Das ist eine wichtige Pflegearbeit, die keine allzu große Mühe macht – und die einem die Lokomotive im Betrieb durch zuverlässiges Fahren dankt. Außerdem müssen die Fahrmotoren regelmäßig gewartet werden, und das Fahrwerk der E 94 ölen wir fast wie bei einer Dampflok ab. Ja, unsere alte Schiebelokomotive ist schon pflegebedürftig, aber wir Lokführer lieben sie!

Früher war alles besser!?
Männer und Lokomotiven einst

Kleider machen Leute. Auch bei der Eisenbahn, jedenfalls war das im ersten Jahrhundert ihres Bestehens so. Auf historischen Fotografien übt sich das Personal neben der Lokomotive in militärisch aufrechter Haltung, aber mit welch gravierenden Unterschieden! Hier der Mann in Uniform, mit Kragen, Krawatte, Uhrkette – unverkennbar der Lokführer, der Herr der Maschine. Dort der Mann in schlichter Gebrauchskleidung mit ausgetretenen Schuhen – ganz klar der Heizer, der seinem Meister zuarbeitet. Der vermutlich hofft, selbst einmal die Uniform tragen und eine Lokomotive führen zu dürfen.

Die Gesellschaften des 19. Jahrhunderts dachten in strengen Hierarchien. Militär und Adel bestimmten das tägliche Leben, auf deutschem Gebiet wie andernorts. Die Herkunft gab – weitgehend – die berufliche Laufbahn vor. Die Eisenbahn durchbrach das Gefüge nur in der Anfangszeit, und das notgedrungen. William Wilson, der Lokführer des „Adler", war der Einzige, der das neuartige Gerät bedienen konnte. Man musste ihn entsprechend würdigen, sprich bezahlen. Als 1871 das zweite deutsche Kaiserreich gegründet wurde, hatte sich das längst relativiert. Das Standesdenken holte den Lokführer ein, gestattete ihm aber immer noch eine gediegene Stellung.

Diejenigen, die Maschinen führten, waren technisch ausgebildete Männer. Sie brachten eine Schlosserlehre und jahrelange Erfahrung als Heizer mit. Allerdings, Lokführer war nicht gleich Lokführer: Zunächst musste man sich im Rangierdienst und auf Nebenbahnen „verwenden" lassen; es folgten Jahre im Güter- und Personenzugverkehr und bei Bewährung der Ritterschlag in Form der Zulassung zum Schnellzugdienst. Bis dahin hatte der Meister oft schon ein gewisses Alter erreicht.

Denken in Hierarchien

Unter den Heizern gab es eine eigene Hierarchie. Da waren die jungen Anfänger auf dem Weg zum Lokführer. Eine Stufe tiefer fanden sich die angelernten Heizer, Arbeiter, denen man nicht mehr als die nötigsten Grundkenntnisse beigebracht hatte. Ihnen blieb die Lokführerlaufbahn verschlossen, doch selbst sie durften sich noch über etwas Sozialprestige freuen. Verglichen mit einfachen Bw-Arbeitern wie den Lokputzern, die ungelernt (und noch schlechter bezahlt) die Aufräumtätigkeiten rund um den schmutzigen Dampflokdienst erledigten, hatten sie wenigstens schon eine Sprosse auf der Rangleiter erklommen.

Erstrebenswert war der Beruf des Lokführers allemal, nicht zuletzt aus finanziellen Erwägungen. Denn damit trat man in den Beamtenstatus ein. Der Lokführer trug einen Titel – was ihm gesellschaftlich erst Anerkennung verschaffte –, erhielt eine Stellung auf Lebenszeit und hatte im Alter Anspruch auf eine Pension. Das alles blieb dem Heizer vorenthalten. Ein Relikt aus dieser Sonderstellung haben sich die Lokführer übrigens bis heute bewahrt: Nach wie vor verhandelt eine eigene Gewerkschaft für sie über die Gehälter.

Das Verhältnis zwischen Lokführer und Heizer konnte im 19. und frühen 20. Jahrhundert eigentümliche Züge annehmen. Im Prinzip brauchte man einander, denn ohne den Heizer, der Kohlen schippte und die Dampfentwicklung kontrollierte, war kein Fahren möglich. Das hielt manche Lokführer nicht davon ab, ihren Status herauszukehren. Sie ließen sich mit „Sie" anreden oder trennten den Führerstand mit einem Kreidestrich in der Mitte und untersagten dem Heizer strikt, ihren „Hoheitsbereich" zu betreten.

Als neue Traktionsarten aufkamen, setzte sich die Rangordnung zunächst fort. Auch auf der Ellok gab es den Lokführer, der in bester Kleidung die Maschine steuerte. Und es gab den „Heizer", der sich nun als eine Art technischer Assistent um das Wohlergehen des Fahrzeugs zu sorgen und es für die Zugleistung vorzubereiten hatte. Stangen und Lager schmieren, Bürsten überwachen – die Arbeit an den ersten Elloks war nicht viel leichter und sauberer als jene an den Dampffrössern.

Gesellschaftlich blieb ebenfalls zunächst alles beim Alten. Nach 1918 war vielleicht das Kaiserreich untergegangen, nicht aber das Standesdenken. In der von Inflation und Weltwirtschaftskrise gebeutelten Republik konnte der Pensionsanspruch des Lokführers gar überlebenswichtig sein. Daher hatte auch der Lokführer von 1925 oder 1930 allen Grund, mit Krawatte, Weste und Uhrkette den kaum veränderten Abstand zum Heizer zu demonstrieren.

Der allgemeine Aufschwung nach dem Zweiten Weltkrieg – und neue Technologien, die jede Zuarbeit technischer Gehilfen auf der Lok endlich entbehrlich machten – bereiteten diesen Unterscheidungen dann langsam ein Ende. Vielleicht auch deshalb muten historische Fotografien von Lokpersonalen heute weit entfernt und manchmal etwas befremdlich an. Früher, so eine landläufige Meinung, war alles besser, nicht zuletzt in Bezug auf die Eisenbahn. Aber ob es das wirklich war?

BEAMTE! „Sende Dir eine Karte von meiner Prüfung, die ich am 28. September beide mit sehr gut gemacht habe." Gemeint hat der Verfasser der 1911 von Wien nach Przemyśl geschickten Ansichtskarte wohl zwei Prüfungen, nämlich eine praktische und eine theoretische für den Dienst als Lokführer bei den kaiserlich-königlichen Staatsbahnen im alten Österreich. Die Herren, die hinter der gestrengen Prüfungskommission und vor einer stolzen Schnellzuglok der Reihe 206 Aufstellung genommen haben, sind nicht mehr ganz jung. Sie haben eine Schlosserlehre und Jahre des Werkstättendienstes hinter sich, haben weitere Jahre als Heizer auf der Lokomotive Dienst getan und demonstrieren heute mit bürgerlicher Festtagskleidung, welch große Bedeutung der Aufstieg in den Beamtenstand für sie hat. (AK)

-68- BELFORT. – Chemin de fer militaire Stratégique. — LL.

Oben: SOLDATEN betreiben um 1905 die schmalspurige Eisenbahn im Gelände der französischen Grenzfestung Belfort. Die kleine Lokomotive „Péchot-Bourdon" nach dem Patent „Fairlie" stellt eigentlich eine Kombination zweier Lokomotiven dar, die durch ein zentrales Führerhaus und eine gemeinsame Feuerbüchse der beiden Kessel verbunden sind. Noch war militärischer Eisenbahnbetrieb eine eher gemütliche Form des Militärdienstes für Wehrpflichtige aus technischen Berufen. Wenige Jahre später brachten solche Züge die Granaten in die Geschützstellungen des Ersten Weltkrieges – und schreiende Verwundete nach hinten in die Feldlazarette. (AK)

Unten: POLIZISTEN in Zivil sowie in Uniformmützen und -mänteln besichtigen am 17. März 1921 die Folgen eines Attentats bei Merseburg auf der Strecke Halle – Weißenfels. Im Zusammenhang der politischen und sozialen Auseinandersetzungen zu Beginn der Weimarer Republik hatten Teilnehmer des kommunistischen Aufstandes in Mitteldeutschland beide Streckengleise unterbrochen und dadurch zwei Züge zur Entgleisung gebracht. Eine preußische P 8 liegt hilflos im Graben. (AK)

FRIEDLICHE LANDBEWOHNER scheinen Lokführer und Beimann einer der ersten bayerischen Elektroloks zu sein. Nach Körperhaltung und Gesichtsausdruck dürfte ihnen militärischer Ehrgeiz genauso fremd sein wie politischer Radikalismus. Am Feierabend werden sie mit Bauern und Handwerkern ihre Maß Bier trinken, und zwar vermutlich in Garmisch, wo die Lokomotiven der Gattung EP 1 (oder später bei der Reichsbahn E 62) ab 1912 beheimatet sind. Immerhin lässt die Kleidung keinen Zweifel über die Rangordnung des Personals zu. Der Begleiter tut auch gut daran, ein einfaches Gewand zu wählen: zwar schippt er nicht mehr wie auf der Dampflokomotive Kohlen, doch hat er auf Elektroloks dieser Generation ständig mit Werkzeug und Ölkanne zu arbeiten. Wie systemfremd die Elektrizität dem Wesen eines Eisenbahnzuges vor einem Jahrhundert war, beweist die Petroleumlaterne! Man kann darüber heute leicht lächeln, aber die elektrische Beleuchtung von Lokomotive und Wagen hätte allein schon mit der für Zeiten des Stillstandes notwendigen Batterie wiederum ein ganzes Stück neue Technologie erforderlich gemacht. (AK)

nach Hütteldorf-H.

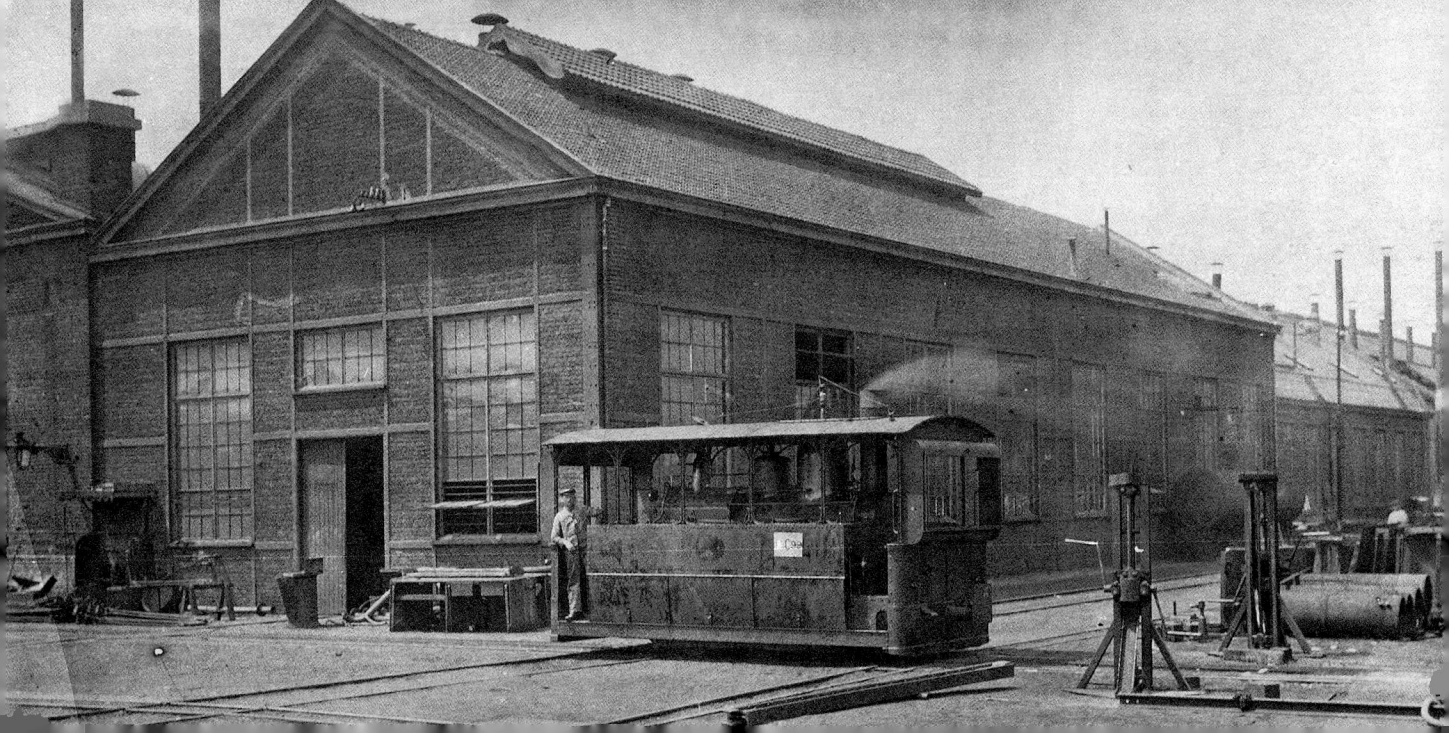

Linke Seite oben: NAHVERKEHR in einer Weltmetropole ist die Aufgabe der kaiserlich-königlich österreichischen Stadtbahnlokomotive der Reihe 30 und des vor ihr aufgestellten hoheitsvoll uniformierten Zugpersonals. Wie in Berlin, München oder Paris machte das unerhörte Wachstum der städtischen Ballungsräume ab etwa 1880 auch in Wien den Bau großer Arbeiterquartiere mit leistungsfähigen Verkehrsverbindungen ins Stadtzentrum und zu den Industriebetrieben notwendig. Hütteldorf-Hacking war westlicher End- und Verknüpfungspunkt mehrerer Linien der Wiener Stadtbahn, auf denen vor dem Ersten Weltkrieg täglich Personenverkehr mit einer Zugfolge von zeitweise nur drei Minuten abgewickelt wurde. Typisch für Nahverkehrsdampfzüge jener Zeit waren die blechernen Richtungsschilder an den Lokomotiven. (AK)

Linke Seite unten: VERKEHR für die Provinz ist die Profession dieser kleinen Dampflokomotive, die man wegen ihrer kastenartigen Verkleidung auch für einen Personenwagen mit Schornstein halten könnte. „Andenken von Hans Arnold, Aufnahme 1916 in Luttre, Belgien. Bild einer belgischen Straßenbahnlokomotive, welche von den Deutschen als Feldbahn-Lokomotive verwendet wird", lautete die sachgerechte Beschriftung auf der Rückseite. Belgien baute als frühzeitig industrialisiertes, dicht besiedeltes Land eines der engmaschigsten Eisenbahnnetze der Welt. Zwischen den Vollbahnen verknüpften meterspurige Überlandstraßenbahnen Städte, Siedlungen, Fabriken, Bergwerke, Kanalhäfen und Seebäder. Bemerkenswert ist die Gleisanlage in der abgebildeten Werkstätte: Zwischen den meterspurigen Gleisen liegen 600-mm-Gleise für den Materialtransport per Hand. (AK)

Oben: FÖRDERUNG VON HANDEL UND GEWERBE stand auch im wirtschaftlich blühenden Königreich Sachsen hoch im Kurs. Kleine zweiachsige Tenderloks wie die 1889 gebaute und 1927 ausgemusterte „EHRENSTEIN" waren auf Lokalbahnen gleichermaßen nützlich wie in Rangierbahnhöfen und auf Industrieanschlussgleisen. Ein bemerkenswertes Detail sind die auf kleinen Ständern auf dem Dach gelagerten Rollen. Sie werden für das mit Seilzug arbeitende Bremssystem „Heberlein" benötigt. Die beiden kleinen Jungen träumen sicher davon, auch einmal eine solche Lokomotive beherrschen zu können. Wie so oft auf Fotografien mit Lokpersonalen der Kaiserzeit wird der Rangunterschied zwischen dem Lokführer mit Weste, Fliege und Uhrkette und dem ersichtlich dem Arbeiterstand angehörenden Heizer deutlich zur Schau getragen. (AK)

FEUER UND WASSER hat der Heizer in geschickter und sparsamer Weise einzusetzen, damit die 1929 gebaute Maschine 114.01, die einzige dreizylindrige Vertreterin von Österreichs größter Schnellzuglokbauart mit der Achsfolge 1'D2', genügend Dampf für schwere Schnellzüge auf der Westbahn über den Wienerwald hat.

Die „höchste Autorität" über dem Arbeitsplatz des Heizers ist der Wasserstandanzeiger (hinter dem rechteckigen Glas): Würde er einmal nicht ausreichend Wasser über der im Inneren über 1.000 Grad heißen Feuerbüchse zeigen, wäre binnen Sekunden mit der Explosion des Kessels zu rechnen – und wäre es um das Leben des Personals geschehen. (AK)

GESCHWINDIGKEIT UND SICHERHEIT hat der Lokführer aus den Rohstoffen Dampf und Druckluft zu erzeugen. Mit dem Regler und der Steuerung sorgt er für die optimale Wirkungsweise der Dampfmaschine je nach den unterschiedlichen Anforderungen bei der Anfahrt des Zuges, bei schneller Fahrt in der Ebene und bei anstrengender Bezwingung von Steigungen. Nur der rasche Griff des Lokführers zum Ventil der Druckluftbremse garantiert den Stillstand des Zuges vor dem „Halt" zeigenden Signal oder wenigstens die Reduzierung seiner Geschwindigkeit, wenn auf einem der noch zahlreichen Bahnübergänge ein Hindernis auftaucht. Erst ab etwa 1930 wurden Systeme automatischer Zwangsbremsung ganz allmählich eingeführt. Auch der Lokführer blickt auf ein Wasserstandsglas. Die Sicherheit von Fahrgästen, Zug und Lokomotive hat in der Arbeit des Personals obersten Rang. (AK)

Oben: KRAFTPAKET! Diese Charakterisierung verdient die 1913 entstandene und erste serienmäßig für die Lötschbergbahn in der Schweiz gebaute Elektrolok. Obwohl sich der elektrische Zugbetrieb damals noch im Pionierstadium befand, war diese siebenachsige Maschine zu ihrer Zeit doch schon das stärkste Eisenbahntriebfahrzeug der Welt! Keine Vertreterin der trotz zu höchster Blüte gelangten Dampflokomotive konnte mit ihr mithalten. Die Kleidung des Beimannes zeigt Spuren von schmutziger Arbeit. Die schwere Schaltmechanik im Inneren der Lokomotive und der Stangenantrieb von den Motoren über zwei Blindwellen auf die fünf Treibradsätze wollten ständig geschmiert und nachgestellt werden. (AK)

Rechte Seite oben: EDLER RENNER! Dieser Titel kommt der badischen II c zu. Mit ausgeprägtem Sinn für Formgebung haben die Großherzogliche Generaldirektion in Karlsruhe und die ebendort ansässige Maschinenbau-Gesellschaft eine repräsentative Lokomotive für die Schnellzüge im Rheintal zwischen Basel und Mannheim entwickelt. In Deutschland schon selten war Ende des 19. Jahrhunderts die Bauart mit Innentriebwerk. Mag der Kontrast zum Personal der gegenüber abgebildeten preußischen T 4 nun Zufall sein oder nicht: Dem süddeutschen Lokführer traut man doch sehr viel eher zu, abends gerne sein „Viertele" zu trinken; und der Heizer wirkt eher draufgängerisch als beflissen. (AK)

Rechte Seite unten: HÜTE UND MÜTZEN Einschließlich der drei Kinder tragen alle 48 auf dieser Fotografie abgebildeten Personen beiderlei Geschlechts eine dienstliche oder modische Kopfbedeckung. Die altösterreichische Lokomotive bildet nur den Hintergrund für das im galizischen Tarnobrzeg sorgfältig komponierte Gruppenbild. Im Gegensatz zu manchen fotografischen Gesamtaufstellungen eines Bahnhofs fehlen die Arbeiter, beschränkt sich die Darstellung auf die Beamten- und Offiziershierarchie. (AK)

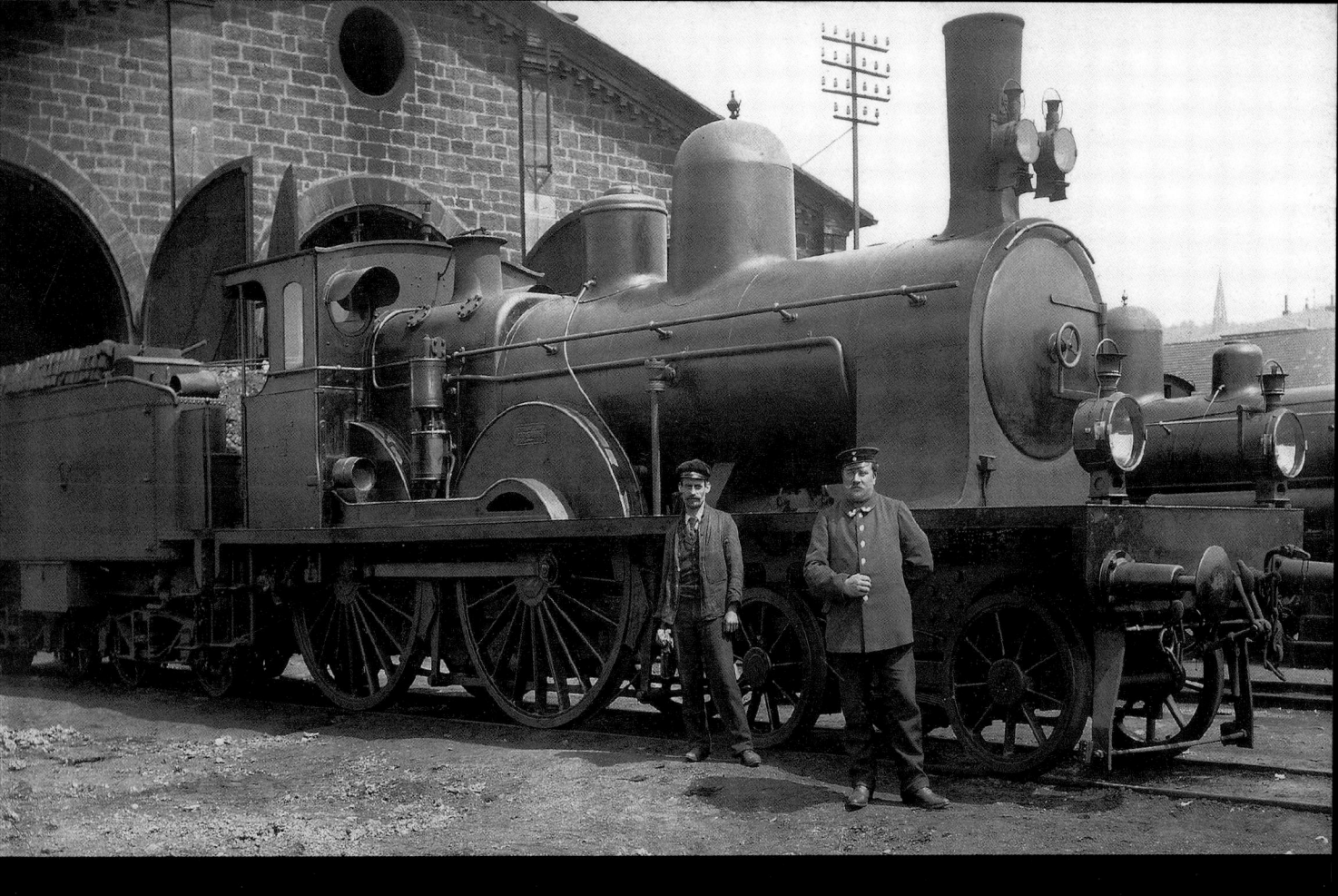

MÄNNER UND LOKOMOTIVEN EINST

Links: DIE RUHE NACH ERFÜLLTER PFLICHT werden der Eisenbahner wie auch die Lokomotive bald erreicht haben. Die Fotografie wurde 1922 beschriftet, und damals standen die Nassdampfmaschinen mit nur zwei gekuppelten Radsätzen aus der Zeit der Jahrhundertwende allesamt vor der Ausmusterung – auch die abgebildete, mehr als tausendmal gebaute S 3. Der Beamte mag sich auf seine Pensionierung freuen; doch schon 1923 wird die Inflation alle Ersparnisse aufzehren und werden die Ruhestandbezüge nicht einmal für den einfachsten Lebensbedarf genügen. (AK)

Rechts oben: DIE RUHE DER GUTEN ORDNUNG strahlt dieses Bild aus. An und auf einer C IV, der zu Beginn des 20. Jahrhunderts am meisten verbreiteten bayerischen Güterzuglok, nimmt der Herr Stationsvorsteher mit Schärpe, Uniformmantel und dienstlichen Unterlagen den ihm gebührenden zentralen Platz ein. Der von Jahrzehnten der Arbeit gebeugte Lokführer stützt sich mit dem Ellbogen behäbig auf seine Maschine. Sein Heizer ist noch wendig genug, um sich auf die Arbeitsplattform zu schwingen, die er etwa zum Öffen der Rauchkammer sowieso gelegentlich betreten muss. Der junge Offizier schließlich vergisst bei aller Lässigkeit doch nicht, eine dynamische, aufrechte Haltung zu zeigen; und einen nicht zuzuordnenden Zivilisten hat der Fotograf offensichtlich mitten im entspannten Gespräch festgehalten. Der senkrecht herabhängende Flügel des Signals links gebietet „Ruhe – Halt" für alle Züge und gibt damit den Rangierbetrieb frei. (AK)

Rechts unten: DIE RUHE NACH DEM STURM herrscht nach der zerstörerischen Entladung der eigentlich zu höchster Ausnutzung gebündelten Energien des Dampfrosses. In Tabor in Böhmen sind am 3. Juli 1895 zwei Züge zusammengestoßen. Die Lokomotive gehört zu der von 1888 bis 1900 gebauten Gattung 56 der kaiserlich-königlichen Staatsbahnen. Letzte Exemplare davon werden bis nach dem Zweiten Weltkrieg aktiv bleiben. (AK)

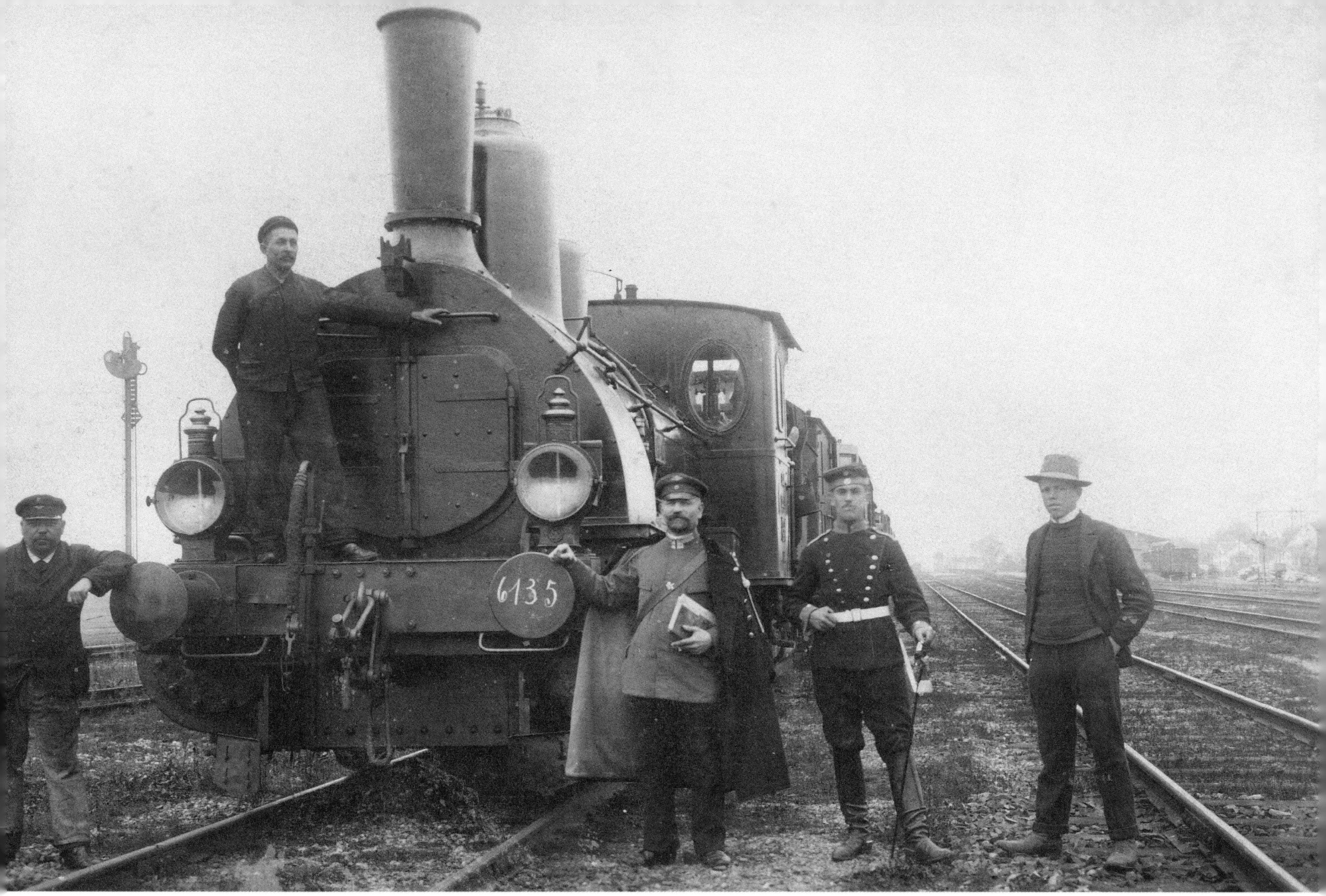
6135

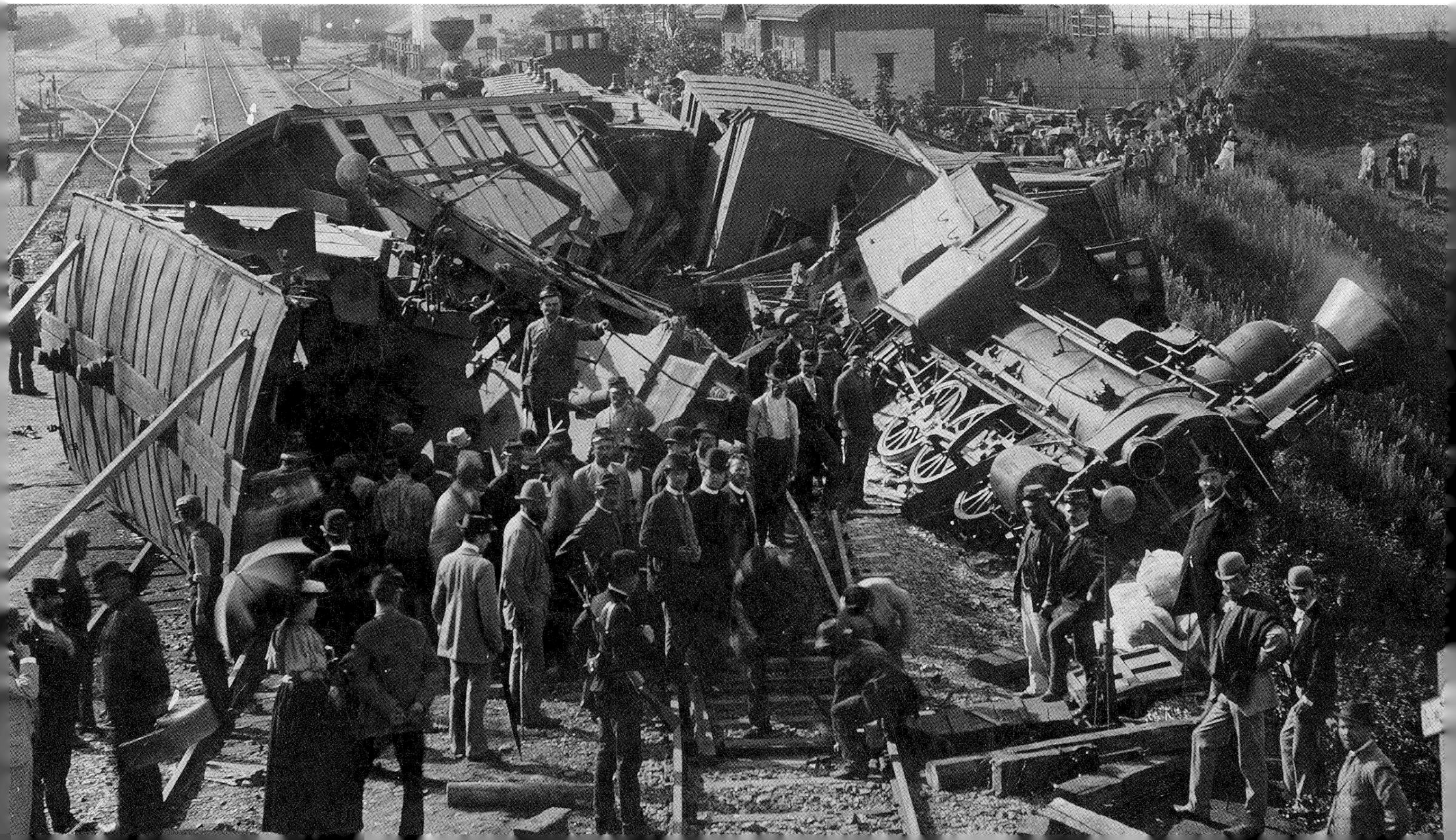

Ohne sie geht nichts
Wer den Lokbetrieb mit am Laufen hält

Wiederhole: Zug 15734 voraussichtlich ab 15." Er spricht es, legt den Hörer auf und wendet sich dem Stellpult zu. Draußen verglimmen gerade die letzten Sonnenstrahlen am Himmel. Einige Tastenkombinationen gedrückt, dann hat der Fahrdienstleiter den Bahnübergang geschlossen, Weichen und Signale für Zug 15734 gestellt. Kurz darauf taucht die Regionalbahn aus dem nächtlichen Blau auf. Zwei Minuten Halt am Bahnsteig, schon rauschen die Ellok und drei Wagen in die Dunkelheit davon – zum nächsten Bahnhof, zum Kollegen, den der Fahrdienstleiter bereits informiert hat. Der kennt als Anhaltspunkt die Abfahrtsminute aus dem hiesigen Bahnhof: „Zug 15734 voraussichtlich ab 19."

Die Szenerie spielt sich in Deutschland über den Tag hinweg viele Tausend Mal ab. Immer dann, wenn Züge unterwegs sind, braucht es die Vor- und Nacharbeit durch Weichenwärter und Fahrdienstleiter. Ohne sie geht im Bahnbetrieb nichts: Jeder Zug, jede Lokfahrt wird von Betriebsstelle zu Betriebsstelle weitergeleitet. Ein Prinzip, das schon seit über 100 Jahren besteht. Generationen von Technikern und Ingenieuren entwickelten die Steuerung von Weichen und Signalen fort, von den ersten Stellwerken Mitte des 19. Jahrhunderts bis heute. Sie spürten Sicherheitslücken auf und optimierten Schritt für Schritt das System. Inzwischen geht man dazu über, die kontrollierten Bereiche auszudehnen; Betriebszentralen steuern ganze Streckenabschnitte. Aber nach wie vor kann kein Lokführer ohne den Auftrag durch den Fahrdienstleiter (der wiederum strikt nach Fahrplan und detaillierten Regeln handelt) fahren. Männer und Lokomotiven, das heißt im Betriebsalltag auch Fahrdienstleiter und ihre Stellwerke.

Das ganzheitliche System Eisenbahn

Womit die Liste der Beteiligten gerade mal eröffnet ist, denn die Eisenbahn lässt sich eigentlich nur als ganzheitliches System verstehen. Im Zeichen des Flügelrads – des klassischen Eisenbahn-Symbols – greifen viele kleine Rädchen ineinander, sorgen viele Hände dafür, dass die Züge rollen. Da sind die Schrankenwärter, welche die Gleise gegen den Straßenverkehr abriegeln; selbst auf manchen DB-Strecken gibt es das heute noch. Da finden sich die Wagenmeister, die eine Zuarbeit ganz anderer Art leisten. Sie wachen vor der Abfahrt über die intakte Zusammenstellung der Züge, vor allem darüber, dass die Bremsen funktionieren – die Grundvoraussetzung dafür, dass überhaupt sicherer Bahnbetrieb existiert. Da ist der „E-Dienst", der auf elektrischen Strecken die funktionsfähige Oberleitung garantiert. Und da hat man die Personale der Hilfszüge, die immer dann ausrücken, wenn es ein havariertes Fahrzeug zu bergen oder einzugleisen gilt. Sie alle sind – mehr oder weniger – Teil der Welt von Männer und Lokomotiven.

Zu diesem Kaleidoskop gehört freilich noch eine weitere Gruppe von Eisenbahnern: der Gleisbaudienst. Ob Streckenneubau (meist eine Auftragsarbeit privater Firmen) oder Streckeninstandsetzung (eine Sache bahneigener Abteilungen), sie schaffen den Fahrweg für Züge (und Lokomotiven).

Lange Zeit stand der Gleisbau für die harte, glanzlose Seite der Eisenbahn. Schienen tauschen, Schwellen wechseln, den Oberbau richten war noch weit nach 1945 eine strapaziöse Schufterei. Sie brachte kargen Lohn und kein Ansehen. Die Rotten – so der Name für die von den örtlichen Bahnmeistereien eingesetzten Gleisbauarbeiter – waren in der internen Rangfolge das Fußvolk. Nicht selten mussten sie Spott und Häme ertragen, allenfalls ihre Vorgesetzten galten etwas in der Hierarchie der Eisenbahner.

Zumindest bei der Tätigkeit ist heute vieles anders: Die mühselige Instandsetzung von Hand gehört der Vergangenheit an. Moderne Gleisbaufahrzeuge, teils in Zügen bis zu mehreren Hundert Metern Länge, arbeiten die Strecken in erstaunlicher Geschwindigkeit und überwiegend automatisch auf. Was die Wertschätzung anbetrifft, ist es mit dem Prestige des Gleisbaus und der dort Beschäftigten allerdings immer noch nicht weit her – obwohl die Bedeutung jener von Fahrdienstleitern um nichts nachsteht.

Während der Arbeiten auf „ihrem" Streckenabschnitt hat die Bauabteilung gar das alleinige Sagen. Kommando und Verantwortung liegen während dieser Zeit beim technisch Berechtigten – dem „4-Punkt-2", wie man ihn eisenbahnintern nennt, weil seine Funktion in Absatz 4.2 der entsprechenden Bau- und Betriebsanweisung definiert wird. Ohne seine Genehmigung fährt nichts, und er ist es auch, der den Abschnitt nach Abschluss der Bauarbeiten wieder den Betriebsdienstlern überantwortet. „Gleis frei und befahrbar" lautet das – per Dienstvorschrift festgelegte – Startsignal, nach dem die Züge wieder rollen dürfen. Vom einwandfreien Zustand seiner Strecke hat sich der 4-Punkt-2 zuvor bei einer Abnahmefahrt überzeugt; kann also gut sein, dass er die Freigabe vom Führerstand eines Triebfahrzeugs aus vermeldet. Und das ist ja dann auch eine Form von Männer und Lokomotiven...

GNADENLOSE ANTREIBERIN aller Eisenbahner ist die Zeit. Die Uhr tickt immer und wacht unerbittlich über die Einhaltung des Fahrplans. Wie bei einem Uhrwerk, so greifen auch bei der Eisenbahn die Zahnräder der einzelnen Bereiche ineinander und funktionieren nur im reibungslosen Zusammenspiel richtig. Ohne die notwendige Pünktlichkeit gerät das ganze System Eisenbahn hoffnungslos aus dem Takt. Und wehe dem, der sich dann aus der Ruhe bringen lässt und unter Zeitdruck beginnt, Fehler zu machen! „Ein Eisenbahner, der rennt, lebt nicht lange" ist ein alter Spruch, in dem viel Wahrheit steckt. Deshalb ist Zeit mit das Wichtigste, was ein Eisenbahner für seine Tätigkeit braucht – nicht nur die Zeit, die der Fahrplan vorgibt, sondern auch ausreichend Zeit, um gewissenhaft, gründlich und verantwortungsvoll seine Arbeit erledigen zu können.

WACHSAM Von der Betriebsleitzentrale Frankfurt (Main) aus werden 4.100 Streckenkilometer in Hessen und Teilen von Rheinland-Pfalz gesteuert und überwacht – das sind etwa 6.100 Züge, die dort pro Tag verkehren. Der Mitarbeiter auf dem Foto ist Fahrdienstleiter und Disponent in einer Person und betreut zentral einen Bereich mit einigen hundert Kilometern Strecke, hunderten Signalen, dutzenden Bahnhöfen und zahlreichen Zügen. Jeder Lokführer, der in seinem Verantwortungsbereich mit einem Zug unterwegs ist, kann bei Bedarf direkt mit ihm per Funk in Kontakt treten. Die Arbeitsatmosphäre in der Betriebszentrale ist der verantwortungsvollen Tätigkeit angepasst: Die Räume sind abgedunkelt, es herrscht Ruhe und höchste Konzentration. Auf den Bildschirmen sind die schematischen Bahnhofs- und

Streckenpläne sowie die Bildfahrpläne als Zeit-Wege-Diagramme gut zu erkennen. Jedes Signal, jede Weiche auf den schematisch abgebildeten Strecken lässt sich von diesem Arbeitsplatz aus per Mausklick schalten. Sieben derartige Betriebszentralen hat die DB Netz in Hannover, Berlin, Duisburg, Leipzig, Frankfurt (Main), Karlsruhe und München. Sie managen den gesamten Zugverkehr im jeweils angeschlossenen Fern- und Ballungsnetz. Als übergeordnete Instanz über den Betriebszentralen überwacht und koordiniert die Netzleitzentrale in Frankfurt (Main) deren Arbeit und darüber hinaus den bundesweiten Personenfernverkehr und die Qualitätszüge des Güterverkehrs.

Oben: STRIPPENZIEHER Ohne Strom fährt keine Ellok. Die Fahrleitung und alle Einrichtungen zur Energieversorgung sind deshalb genauso wichtige Elemente des Systems Eisenbahn wie Gleise, Weichen und Fahrzeuge. Und wie diese muss die Fahrleitung unterhalten, gewartet und repariert werden. (TK)

Unten: HELFER IN DER NOT sind dann wichtig, wenn's doch mal gekracht hat. Ein Unfall, eine Entgleisung – dann rücken die Hilfszugmannschaften an, um aufzuräumen, die Fahrzeuge auf die Schienen zu bringen und den Verkehr an der Unfallstelle schnellstmöglich wieder zu ermöglichen. (TK)

Rechts: WEICHENSCHMIERER Zum Abschluss dieses Kapitels nehmen wir noch einmal das Bild des reibungslos ineinander greifenden Räderwerks des Systems Eisenbahn auf. Ein solches Räderwerk muss auch richtig geschmiert werden, so wie die Schmierstellen an den Weichen auf dem Foto.

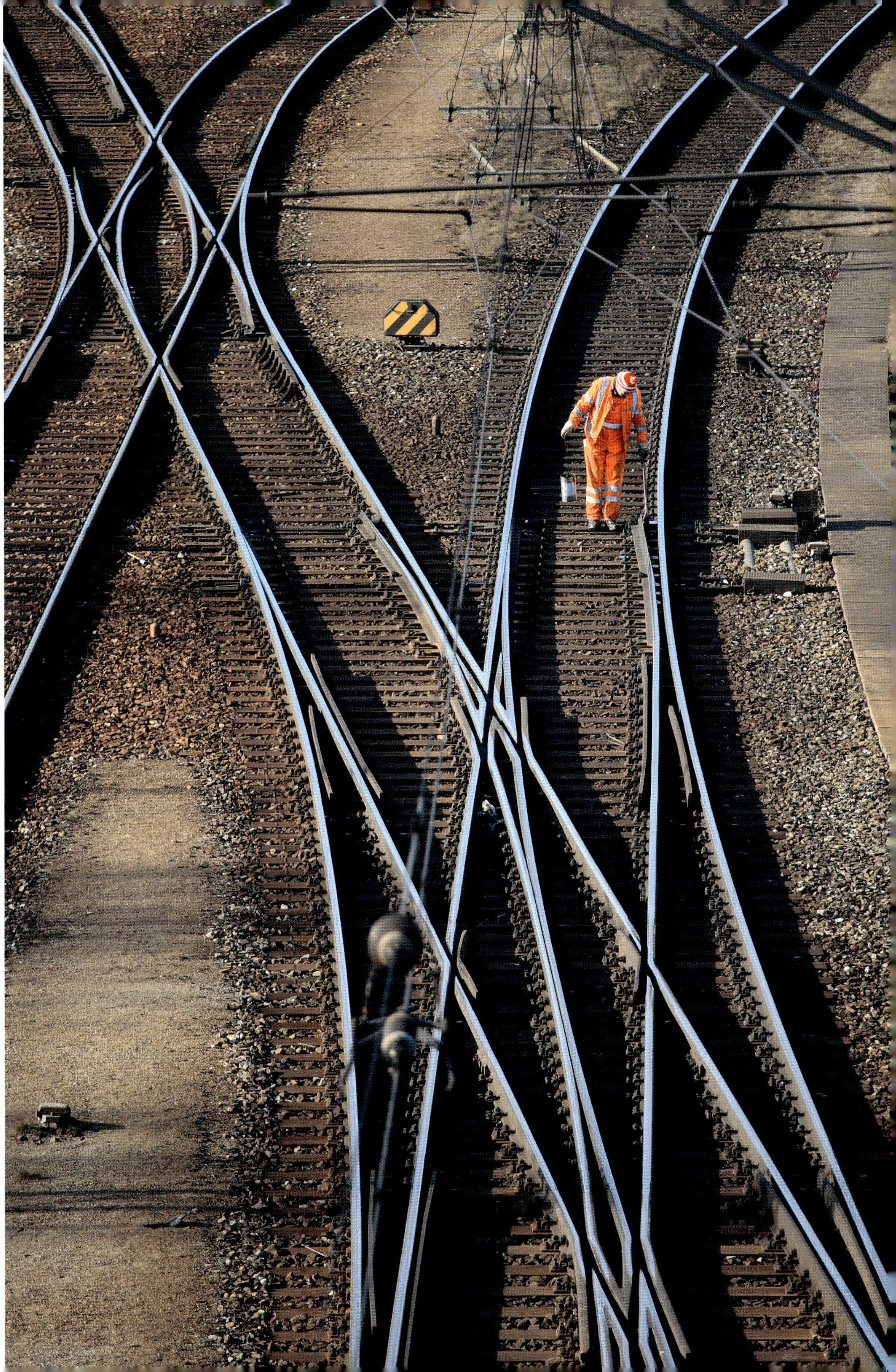

„ALLES SCHLÄFT, EINER FÄHRT." Dieser bekannte Werbespruch der Deutschen Bundesbahn aus dem Jahr 1984 möge als Motto über dem letzten großen Bild in diesem Buch stehen. Railion-Werk München Nord im Februar 2006: In langen Reihen sind spätabends die Güterzug-Elloks abgestellt und warten auf ihre Lokführer und die nächsten Einsätze. Alles schläft. Aber einer – einer, der fährt: Der Lokführer auf der 182 023 hat seine Lok aufgerüstet und rückt in wenigen Minuten mittels einiger „Sägefahrten" zum Rangierbahnhof München-Nord aus, um dort einen Güterzug zu bespannen. Wir wünschen allzeit eine gute und unfallfreie Fahrt!

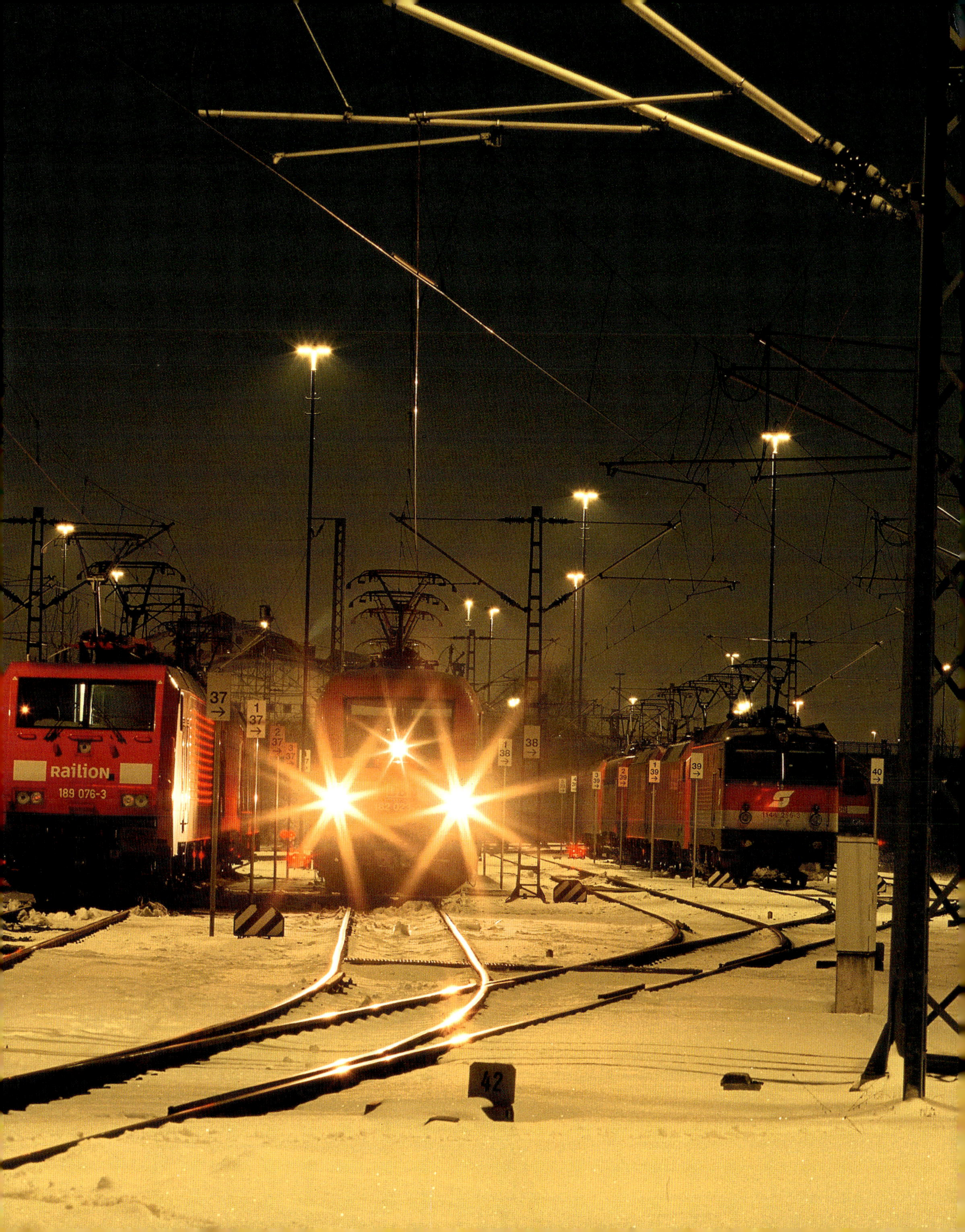
Railion
189 076-3
37
38
39
40
42

Abkürzungsverzeichnis

ADtranz	Adtranz – DaimlerChrysler Rail Systems (Deutschland) GmbH
AEG	Allgemeine Elektricitäts-Gesellschaft
ALS	Alstom Lokomotiven Service GmbH, Stendal
AW	Ausbesserungswerk
BEM	Bayerisches Eisenbahnmuseum e. V.
Beyer Peacock	Lokomotivfabrik Beyer Peacock, Manchester
BMAG	Berliner Maschinenbau-AG, vorm. Schwartzkopff
Borsig	August Borsig Lokomotiv-Werke, Berlin
Breda	Lokomotivfabrik Società Italiana Ernesto Breda SpA, Milano
BR	Baureihe
Bw	Bahnbetriebswerk
ČD	Tschechische Staatsbahn
CFR	Rumänische Staatsbahn
CP	Portugiesische Staatsbahn
DB	Deutsche Bundesbahn, ab 1994 Deutsche Bahn AG
DDR	Deutsche Demokratische Republik
DEV	Deutscher Eisenbahn-Verein e.V.
DFS	Dampfbahn Fränkische Schweiz e. V.
DR	Deutsche Reichsbahn der DDR
EB	Erfurter Bahn GmbH, früher Erfurter Industriebahn GmbH
EBO	Eisenbahn-Bau- und Betriebsordnung
EBW	EBW Eisenbahnbewachungs GmbH
ELNA	Engerer Lokomotiv-Normen-Ausschuss
Esslingen	Maschinenfabrik Esslingen
ET	Elektrotriebwagen
ETCS	European Train Control System
EVU	Eisenbahn-Verkehrsunternehmen
Fablok	Lokomotivfabrik Fablok S.A. Chrzanów
FCL	Ferrovie Calabro-Lucane, heute Ferrovie della Calabria (FdC)
FCS	Ferrovie Complementari della Sardegna
FdS	Ferrovia della Sardegna
FFM	Frankfurter Feldbahn-Museum e.V.
FLIRT	Flinker leichter innovativer Regionaltriebzug
GLG	Gmeinder Lokomotivenfabrik GmbH
Gmeinder	Gmeinder GmbH & Co. KG, später GLG
GSM-R	Global System for Mobile Communications-Rail
GTW	Gelenktriebwagen
Hanomag	Hannoversche Maschinenbau AG, Hannover-Linden
Hbf	Hauptbahnhof
Henschel	Lokomotivfabrik Henschel & Sohn, Kassel
HGV	Hochgeschwindigkeits-Verkehr
HSB	Harzer Schmalspurbahnen GmbH
IBS	Bereich Inbetriebsetzung im Lokomotivbau
IC	Intercity
ICE	Intercity-Express
Jung	Arnold Jung Lokomotivfabrik GmbH
Kgl.Sächs.Sts.E.B.	Königlich Sächsische Staats-Eisenbahnen
KPEV	Königlich Preußische Eisenbahn-Verwaltung
Krauss-Maffei	Krauss-Maffei A.G., München-Allach
Krauss	Locomotivfabrik Krauss & Comp., München
Krupp	Friedrich Krupp Maschinenfabrik
LEG	Leipziger Eisenbahngesellschaft mbH
LEO	Lokalbahn Bad Endorf – Obing
LEW	VEB Lokomotivbau-Elektrotechnische Werke Hennigsdorf
LHB	Linke-Hofmann-Busch, Breslau, später Salzgitter
LIREX	Leichter Innovativer Regional-Express
LKM	VEB Lokomotivbau „Karl Marx" Babelsberg
LNER	The London and North Eastern Railway
LVT	Leichtverbrennungstriebwagen
MaK	Maschinenbau Kiel AG
Malaxa	Lokomotivfabrik Malaxa, Bukarest, später FAUR SA
MAN	MAN AG, früher Maschinenfabrik Augsburg-Nürnberg AG
MBA	Maschinenbau und Bahnbedarf AG MBA, vormals Orenstein & Koppel
MBB	Mecklenburgische Bäderbahn Molli GmbH
MEG	Mitteldeutsche Eisenbahn GmbH
MPSB	Mecklenburg-Pommersche Schmalspurbahn AG
NbE	Nordbayerische Eisenbahn GmbH
NOB	Nord-Ostsee-Bahn GmbH
NoHAB	Nydqvist och Holm Aktiebolag
O&K	Orenstein & Koppel, Drewitz bei Potsdam
ÖBB	Österreichische Bundesbahnen
ÖGEG	Österreichische Gesellschaft für Eisenbahngeschichte
OBS	Oberweißbacher Berg- und Schwarzatalbahn GmbH
ÖPNV	Öffentlicher Personen-Nahverkehr
P	Personenzug
PCT	Private Car Train GmbH
PCW	Siemens Prüfcenter Wegberg-Wildenrath
PEG	Prignitzer Eisenbahn-Gesellschaft
PKP	Polnische Staatsbahnen
PmG	Personenzug mit Güterbeförderung
QR	Queensland Rail, Australien
RAW	Reichsbahn-Ausbesserungswerk
RB	Regionalbahn
Rbd	Reichsbahndirektion
Rbf	Rangierbahnhof
RE	Regional-Express
Reggiane	Lokomotivfabrik Officine meccaniche Reggiane Spa, Reggio Emilia
RENFE	Spanische Staatsbahn
RHB	Rhätische Bahn
Rheinmetall	Lokomotivfabrik Rheinmetall, Düsseldorf-Derendorf
RTB	Rurtalbahn GmbH
RüKB	Rügensche Kleinbahnen GmbH & Co. KG
SBB	Schweizerische Bundesbahnen
Schichau	Maschinenbauanstalt F. Schichau, Elbing
SEM	Sächsisches Eisenbahnmuseum, Chemnitz-Hilbersdorf
Škoda	Škoda -Werke Plzeň
SLM	Schweizerische Lokomotiv- und Maschinenfabrik Winterthur
SMF	Sächsische Maschinenfabrik, vorm. Richard Hartmann AG Chemnitz
SNCF	Französische Staatsbahnen
SŽ	Slowenische Staatsbahn
TEV	Thüringer Eisenbahnverein Weimar e.V.
TCDD	Türkische Staatsbahn
TGV	Train à Grand Vitesse
TS	Transportation Systems
Uerdingen	Waggonfabrik Uerdingen AG, Krefeld-Uerdingen
VES-M	Versuchs- und Entwicklungsstelle Maschinenwirtschaft, Halle/Saale
WEM	Waldeisenbahn Muskau
VGF	Verkehrsgesellschaft Frankfurt am Main mbH
VSFT	Vossloh Schienenfahrzeugtechnik, Kiel
VT	Verbrennungs-Triebwagen
Vulcan	Stettiner Maschinenbau-AG Vulcan

Die Achsfolgen und gebräuchliche technische Abkürzungen sind in dem Abkürzungsverzeichnis nicht berücksichtigt.

QUELLENVERZEICHNIS

Bücher
Braun, Andreas: Die Fahrzeuge des Bayerischen Eisenbahnmuseums – Ein Führer durch die Sammlung, Andreas Braun Verlag, München 1999;

Richter, Karl Arne / Ringler Georg: Lexikon Deutscher Privatbahnen, Gera-Mond Verlag, München 2002;

Miethe, Uwe (Hrsg.): Faszination Eisenbahn – 365 Tage, GeraMond Verlag, München 2006;

Miethe, Uwe/Weltner, Martin: Bildatlas der deutschen Lokomotiven – Deutsche Bahn und Privatbahnen, GeraMond Verlag, München 2007;

Zeitschriftenartikel und andere Veröffentlichungen
Dworaczek, Alex; Schurig Jörg; Niermeyer, Dr. Olaf:
Drei – fünf – sieben – das ist Weltrekord!, in Eisenbahn-Revue Heft 1/07, Minirex AG, CH-Luzern

Presse- und PR-Material
Siemens AG Transportation Systems: Trains Referenzliste, Erlangen 2006

Verschiedene Pressemitteilungen/Presseunterlagen/Flyer/Werbemittel der Firmen: Alstom Transport Deutschland; Angel Trains Limited; Bombardier Transportation Locomotives; DB Netz AG; Rhätische Bahn; Siemens Mobility; Siemens AG Transportation Systems; Stadler Rail Group; Talgo Deutschland GmbH

Webseiten

www.dampflokwerk.de	Dampflokwerk Meiningen
www.dispolok.com	MRCE Dispolok GmbH
www.feldbahn-ffm.de	Frankfurter Feldbahn-Museum e.V.
www.khkd.cz/kolesovka2007.pdf	Kolešovka 2007
www.chiemgauer-lokalbahn.de	Lokalbahn Bad Endorf – Obing
www.meg-bahn.de	Mitteldeutsche Eisenbahn GmbH
www.mittelweserbahn.de	Mittelweserbahn GmBH
www.molli-bahn.de	Mecklenburgische Bäderbahn Molli GmbH
www.museumsbahn.de	Eisenbahnmuseum Darmstadt-Kranichstein e.V.
www.der-metronom.de	metronom Eisenbahngesellschaft GmbH
www.oberweissbacher-bergbahn.com	Oberweißbacher Berg- und Schwarzatalbahn GmbH
www.oegeg.at	Österreichische Gesellschaft für Eisenbahngeschichte
www.prignitzer-eisenbahn.de	Prignitzer Eisenbahn
www.stadlerrail.com	Stadler AG

„FRÜH ÜBT SICH, was ein Meister werden will!" Der kleine Jakob auf unserem Foto hat aus Lego-Steinen eine 1'E1'-Dampflok gebaut und zeigt mit diesem kleinen Kunstwerk, dass er beim großen Vorbild schon ziemlich genau hingeschaut hat. Oder hat da eventuell doch jemand mitgeholfen, der sich gut mit Lokomotiven auskennt? (RBH)

Alles über Lokomotiven

Alle wichtigen Informationen zu den Lokomotiven und Triebwagen, die in Deutschland unterwegs sind! Umfassend, übersichtlich, zuverlässig und reich bebildert.

144 Seiten, ca. 180 Abb.
ISBN 978-3-7654-7085-1

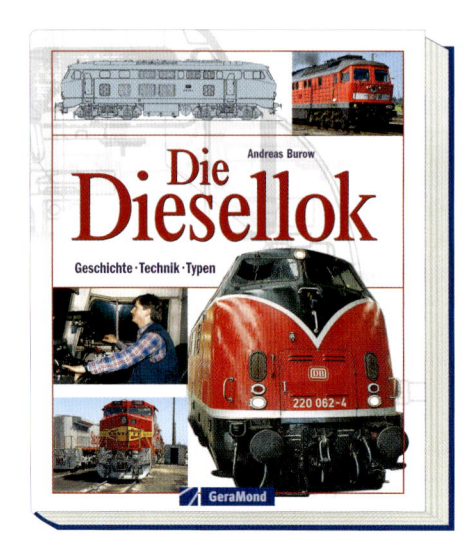

So wird klar, wie die Diesellok funktionert. Dieser reich bebilderte Band spannt den ereignisreichen Bogen von den ersten Dieselloks bis zu den jüngsten Kraftpaketen.

144 Seiten, ca. 150 Abb.
ISBN 978-3-7654-7259-6

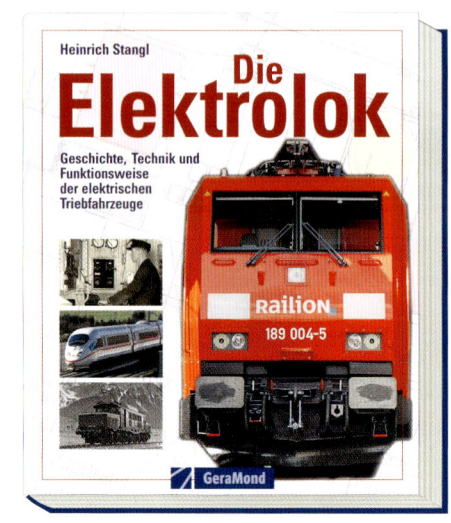

Endlich ein anschauliches Buch zur Technik der Loks und Züge unter Strom – von der ersten Elektrolok bis zu ICE 3 und Taurus, den »Stars« des modernen Bahnbetriebes.

168 Seiten, ca. 180 Abb.
ISBN 978-3-7654-7147-6

Das komplette Programm unter www.geramond.de | GeraMond

29.95

140